増田のブログ

CCCの社長が、社員だけに語った言葉

CCCメディアハウス

増田のブログ
CCCの社長が、社員だけに語った言葉

目次

もくじ
前書き｜9

第1章 経営哲学

創業シリーズ1　LOFTのスタート｜12
創業シリーズ2　TSUTAYA一号店の物件開発と本の調達｜16
お客さんの気分になる方法｜20
成長の本質｜24
蔦屋書店1号店の想い出｜28
他者の評価と、自己評価｜32
二号店は失敗する、というセオリーと、代官山｜34
中期計画の嘘｜42
儲かる仕事って…｜46
会社の成長って｜50
パワーポイントは手段のひとつなのに…｜52
2号店が失敗する理由｜56
経営とは失敗の許容である｜60
日進月歩｜62
最近、営業していて思うこと｜64
真実はひとつかもしれないし、ひとつじゃないかもしれない｜68
主体性を育むためには｜70
今日、感動した一言｜74
信用を創るということ｜78
直感力｜80
分業化の弊害とビジネスチャンス｜84
師走の人混みの中で思うこと｜90
営業するということ｜94
明日から、また新しい年度が始まる｜98
全体最適と個人の権利｜102
成長と、リスク｜104
会社の成長戦略｜108

第2章 　組織論

7人乗りのボート ｜ 114
成長の副作用〜ピーターの出現 ｜ 118
考える集団と、考えない集団 ｜ 120
人を動かす ｜ 124
銀行強盗と、報酬制度 ｜ 128
組織が元気になる4つの要素／明確な目標編 ｜ 132
組織が元気になる4つの要素／単純な組織編 ｜ 136
組織が元気になる4つの要素／信賞必罰編 ｜ 138
ラグビーワールドカップでの、日本の活躍で見えたこと ｜ 142
会社のトップに必要なものは? ｜ 146

第3章 　企画

カンヌ映画祭とケインズ ｜ 152
最近思うこと「未来は、過去の延長線上にはない」ということ ｜ 158
企画力の源泉 ｜ 162
すぐ、って増田が言う訳 ｜ 166
Ｔカードの営業で増田が受けた単純な質問 ｜ 168
企画の真髄 ｜ 172
増田が二子玉川まで走る訳 ｜ 176
森、木、葉っぱ ｜ 178
プレゼン準備 ｜ 182
誰も知らない増田の企画手法 ｜ 186
人を動かす2 ｜ 188
需要創造 ｜ 192
先入観との戦い ｜ 194
その場で1年後の企画をする訳 ｜ 196
本当のBOOK&CAFE ｜ 198
CCCの未来の仕事 ｜ 200
お返事は相手がしているようだが、本当はこちらがさせている ｜ 202

アートのある生活の提案 | 206
企画会社／企画をつくるということ① | 210
企画会社／企画をつくるということ② | 214
店の作り方 | 218
生活提案をするという仕事 | 222
いろんな無駄、失敗があったから | 226
風景は目で見ているようだが、実は目で見ていない | 228
Airbnbと、CCCの記者会見 | 232
ディテールに魂は宿る | 238
3人のお客さん | 244

第4章 **価値観**

信用？ | 250
菅沼くんとヤスくん | 254
エレベーターに乗った5人の社長 | 260
増田が、毎日ジーパンな訳 | 264
鶴田さんへの心の弔辞 | 268
人と人との関係性／依存と共存 | 274
信用と自由 | 278
いいとか、悪いとか。キレイとか、キレイじゃないとか | 282
未知との遭遇 | 284
未知との遭遇／社員にとっての未知との遭遇 | 288
わかっているけど、できないこと／整理整頓 | 292
行動規範シリーズ／会社にいるな、世の中にいろ | 296
ありがとうと言われる仕事をする | 300
バッドニュースファースト | 304
結果＜原因の意味 | 306
決断 | 310
選んでいるようで、実は選ばれている | 314
信頼されたい、と思う心にエゴ | 318
期限の利益の喪失と、犠牲者 | 322
顧客のいうことを聞くな、顧客のためになることをなせ | 326
約束と感謝 | 330

第5章　心象風景

オヤジの法事 | 336
日販さんとCCC | 340
「父の日」の夜 | 348
鈴屋の鈴木会長からお手紙が | 352
「学ぶ力」と、軽井沢ベルコモンズ | 356
お袋の葬儀 | 360
絶望と希望 | 366
忙しい、ということ | 370
違和感の意味 | 374
メディアはメッセージ | 378
神が与えし創造力 | 380
大切なもの | 384
2つの革命／代官山オープン朝礼の映像 | 390
会いたい人が減ってきた | 392
人生を変える一言 | 396
上から目線 | 398
人の行動は、つもりの集積 | 402
明日も晴れるといいな | 406
悲観と楽観 | 408
営業するために、必要なこと | 412
成長と膨張 | 414
踏み込む | 418
増田の最近の口癖 | 420
自分の持つべき、自分の物差し | 422

2007年2月に、
CCCグループの社員に向けてブログを書き始めました。
CCCのビジョンとか、大切にしてほしい価値観を直接、
伝えたいと思ったからです。

この本は、1500本近くある10年分のブログの中から
選んだ原稿をまとめたものです。
紹介されているエピソードや、登場する方々の役職は、
原稿を書いた時点のままにしています。
社内ブログということで、
CCC用語とも言うべき略語も頻出しますが
これもそのままにしております。
誤字脱字、不適切な発言、事実誤認、
記憶違いなど、多々あるかと思いますが、
当時の心象風景をできるだけ忠実にお伝えするために、
敢えて修正しておりません。
ご意見、ご批判など甘んじて受ける覚悟でおります。
いろいろな方にご迷惑をおかけするかもしれませんが、
何卒ご容赦いただきたく、お願い申し上げます。

増田宗昭

第 1 章

経営哲学

創業シリーズ1
LOFTのスタート

1982年にTSUTAYAの前身「LOFT」がオープンした枚方駅前デパート

現在のTSUTAYAは、
1983年3月にオープンした「枚方店が1号店」と
みなさんは理解していると思いますが、
実はその前年1982年3月に、
貸しレコード店「LOFT」
(渋谷や梅田などにあるロフトのオープンは1987年)が
枚方市駅の北口の古い駅前デパートの5階でオープンしました。

増田は大学時代、バンド
(やっていたのはピーター・ポール＆マリー等の
フォークバンドのコピー)をしていて
音楽については普通の人より詳しかったし、
大学のサークルの雰囲気が大好きでいつか会社やお店を創るなら
そういう雰囲気の集団を創りたいと当時から思っていました。

貸しレコードという新しい業態は、
増田がロフトを始める数年前に、
東京の三鷹で「黎光堂」が生まれ、
ロフトをスタートする頃には「友＆愛」という
300店を超す大手チェーンが登場していました。

みなさんが知っているavexの社長のマックス松浦君も、
学生時代「友＆愛」の茅ヶ崎店で店長をしていたと
同志社香里の同窓祭のパネルディスカッションに
きてくれた時に話をしていました。

貸しレコード店のカウンターにいながら、
お客さんがどのアーティストのところに行き、
どの商品を借り、借りなかったかをずっと調査していたそうです。
そんな調査の結果生まれたのが、
avexの創業の原点となったコンピレーションの
洋楽CDの企画だったそうです。

増田が住んでいる枚方市の隣町寝屋川市にも
「LPバンク」という貸しレコード店がオープンし、
増田はすぐにそのお店の調査をしました。

結果、非常に収益性の高いビジネスモデルであることと、
投資額もあまりかからないとわかったので自分でもできる、
と思いさっそく物件を探しました。

枚方市には当時貸しレコード店はまだなかったので、
駅前の便利な場所であれば1階でなくても
(LOFTは5階でオープンしましたが)、
必ずお客さんは来ると確信がありました。
音楽好きなお客さんにとって、
買えば2800円のレコードが300円でレンタルできることは
メリットがあると思ったからです。

ところが、増田が見つけた駅前デパートの空き店舗は
「5階」にあったのですが、
駅前デパートの5階は飲食フロアになっていて、
「貸しレコードをやりたい」とビルのオーナーに申し込んだところ、
「飲食業にしか貸さない」と断られました。

あきらめきれない増田は企画?し、
なんとか入居できる方法として
「飲食を複合させれば可能では?」
とビルオーナーに交渉しOKをとりました。

飲食を複合させるために音楽(レコード)のあるところで、
かつかっこよくお茶が飲めたら、と
飲食機能と食事として東京の「デリー」という
本格的インドカレーのFC加盟店となり、
貸しレコード&カレーカフェ
(BOOK&CAFEの前身?)としてオープンしました。

増田は飲食の経験がなかったので、
姉とおふくろに厨房をまかせ、
貸しレコードの方は鈴屋時代の部下に
店長をお願いしてスタートしました。

開店の日は予想通りすごいお客さんが来られ、
普段あまり動かないエレベーターのモーターが燃えてしまい、
エレベーターが止まったりして
他のテナントさんに迷惑をかけてしまいましたが、
お客さんは階段を5階まで駆け上がってきて、
店内はお客さんで満員電車のようになってしまうほどで、
入店規制までやりました。

今日は経営会議メンバーで、
中期経営計画についてホテルで缶詰で一日中話をしたので、
思わず創業の頃を思い出し、
書いてしまいました。続きはまた明日？

2007年10月××日

増田の母(左)と姉(右)

創業シリーズ 2

TSUTAYA 一号店の物件開発と本の調達

貸しレコード店LOFTが、
エレベーターのモーターを燃やしながらも、
予想以上の好調なスタートを切ったことで、
増田はホッとするのではなく、
逆に「駅の反対側で1Fに同じような店が、
もっと大きな規模で出店したらお客さんは奪われて、
借金をしている増田家は大変なことになる」と考えました。

すぐに、枚方市駅の反対側の1Fで物件を探したところ、
ある証券会社の枚方支店が移転した跡に貸し物件として、
テナント募集の看板が出ていました。
しかし、証券会社が払っていた賃料がバカ高く、
増田の希望には合いませんでしたが、
毎日のようにオーナーを訪問し、
同じ枚方市民のよしみ?で希望の賃料に下げてもらいました。

当時、枚方市駅周辺には夜遅くまで開いている本屋がなく、
本と貸しレコードの複合店の計画をしました。

初代店長の伊藤君（日本ソフトサービス≪現MPD≫初代社長）は、
鈴屋時代の増田の部下で、"本屋をしたい"ということで、
増田と一緒に鈴屋を退職し、
TSUTAYA一号店の初代店長をしてくれました。

本の仕入れは、「取次」に頼まないと
商品が入らない商習慣になっていたので、
京都で本屋をしていた同志社香里高校の友人に、
大手取次を紹介してもらいました。
しかし、オープン直前になって
「本屋の経験がない」
「まだ事業をしていない」
「財務状態が弱い」等の理由で断られ、
悩んでいた時に書店のFC加盟店募集のチラシを新聞で見つけ、
すぐに本部のある西中島南方のマンションの一室に行き、
若干うさんくさかった!?けれど、
背に腹は代えられずFC加盟をしました。

この話の続きはまた今度。

2007年11月××日

1983年、TSUTAYA1号店(上)とそのビルの現在(下)

お客さんの
気分になる方法

顧客中心主義とか、
行動規範の「お客さんのことを一番知っている人間になる」とか
いうけれど、最近思うこと。

お店を創るのも、
Ｔポイントの営業をするのも、
成功する方法は簡単。

お客さんが、「それ欲しい」と
思うことを提案すれば、成約出来る。

答えがわかれば、企画は百発百中当るのに、
みんな「答え」を探そうとしない。

答えを探すことをしないで、
鉄砲の玉を打つことばかり考えている。

商売で、その「答え」を見つける方法は簡単。
お客さんの立場で考えればいい。
あるいは、お客さんの気分で考えればいい。

お客さんの気分になって、企画をするために
増田は、お客さんの気分で何度も店を眺める。
同じ店でも、朝の気分、昼の気分、夜の気分で。

代官山の店を創る時にも
ASOで、人の往来をずっと見ていた。

休みの日も、雨の日も、猛暑の日も、
朝も、昼も、夕方も。

通勤客の気分を理解するために、
駅から店まで、何度も歩いたり、

暑い日にクルマを路上駐車してみて、
シートが熱くなって、日陰がいると思ったり。

恵比寿ガーデンプレイスや、六本木ヒルズに店を作る時には、
その街の生活をしてみないとわからなかったから、
企画の担当者は、近所に住んでみたり。

そうして、お客さんの気分になって、
答えがわかって、
誠実にその答えを実現すれば、お客さんは来てくれる。

誰にでも出来る簡単なことなのに、
やる人は少ない。

2013年8月××日

成長の本質

昔、すごく優秀だなと思った人が
最近会ってみると普通のおじさんになっていたり、
CCCの新入社員だった若者が、
何百人の会社の社長になっていたり。

人の成長って、本人の才能がとっても大事だけど、
おかれた環境や、本人の意思や覚悟に比例すると思う。

本人はがんばっていると思って、
みんな仕事をしているけれど、時間が経って結果をみれば、
大きな差がついていることをよく見かける。

増田は、初めて社会人になった時に、
いきなりショッピングセンターの駐車場の設計を任された。

社内にそんな専門家もいなかったので、
自分で都内の駐車場をストップウォッチ片手に、調べまくった。

4人乗りで来た車は、全員が降りるまで何秒かかるか?
3人の場合や、1人の場合は何秒か?　と、
たくさんの駐車場で降車時間を計測し、平均値を求めた。

また、ショッピングセンターが利益を出すために
必要な、1日あたりの売り上げを計算し、
車で来られる人の売上金額を予測し、
乗車人数に応じた必要時間から、
1時間あたりの来場車を処理するために
必要なターンテーブルの台数と、
必要駐車場台数を企画した。

更に、その1年後には軽井沢のショッピングセンターの
企画を任された。

不動産の契約や、建築に関する知識や、
事業計画をつくるために必要な投資や採算の
基礎知識もないのに、取り組んだ。

基礎知識はなかったけれど、
ショッピングセンターはテナントさんに入ってもらわないと
事業はできないので、
テナントさんがショッピングセンターに出店した場合に、
儲かるのか、儲からないのかをシミュレーションし、
また、ショッピングセンター事業として
儲かるように、賃貸条件を考えた。

更に、テナントが儲かるためには
お客さんが来ないと話にならないので、
お客さんからみて魅力的なテナント構成を考え、
出店した場合のテナントさんの事業計画の
シミュレーションをもって、営業にもいった。
全て未経験で自分の能力を超えた仕事だった。

結局、できないことにチャレンジした人は
時間が経つとできるようになって成長するけど、
できることばかりをやっている人は
年を重ねても、できる範囲が広がらない。

人の成長は、会社の成長とは関係なく
その人が、できないことにチャレンジするという

覚悟の大きさに比例すると思う。

もちろん、できないことにチャレンジしたら
増田のディレクTVのように失敗することもあるけれど、
財務的には失敗しても、経験や人脈という財産は残る。

これもいってみれば、成長。

裏返せば、そういう人の成長に支えられて
CCCも大きくなったのだと思う今日この頃。

経営とは「失敗の許容」と、昔『情報楽園会社』に書いた。

経営の本質は、企業や人が成長することだとしたら、
できないことにチャレンジし、
そして生き残るという意味で、
経営とは失敗の許容、と書いたんだけど・・。

書いたことのないブログを書き始めて6年、
走ったことのないマラソンに出始めて5年が経った。

2013年10月××日

蔦屋書店1号店の想い出

今から31年前の3月24日、朝7時、
TSUTAYAの創業の瞬間。

ドキドキしながら、お店を開けた。

初めてのことで、
蔦屋書店とは言うものの、
商品の調達ができなかった。

1983年当時のTSUTAYA1号店

レンタルレコード用のLPは、
当時、レコードメーカーさんが大手レンタル店を訴訟していたので
問屋さんは、商品を卸してくれないし、
当然、レコード店も売ってくれない。
ビデオは、日本にそもそもメーカーすらなかった。
何より、肝心の本も某大手取次に
半年以上も前からお願いしていたにも関わらず
オープン直前に取引できないとの連絡。
今、お世話になっている日販さんにも
同じ理由で断られると勝手に判断し、
大阪屋系列の本のFCに加盟し、
加盟店としてオープン。
本屋の経験のない、伊藤くんと増田の二人で
いろんな本の商売の常識?に驚きながら開店準備。

アルバイトさんも、
蔦屋書店の前にオープンしていた
貸レコード＆カレー店「LOFT」から
応援に来てもらった。
開店準備は、オープン当日の午前2時くらいまでかかり、

家に帰ってシャワーを浴びて、
朝5時にはお店に舞い戻り、
伊藤くんと朝7時に開店。

近所のラグビーで有名な啓光学園の高校生が
登校前に寄ってくれ、「ワオッ!」の声。
その瞬間、このお店はうまくいくと確信した。

レジを打っているとすぐに、お昼になり、
今度は近所のサラリーマンやOLが休憩時間に
大勢やってきてくれた。
午後も、近くの近鉄百貨店の買い物客や、
通行客が大勢立ち寄ってくれた。
そして、夕方には、
下校時の高校生がたくさん寄ってくれ、
サラリーマンやOLが帰宅ついでに来てくれた。

日が暮れるとお客さんで売場がいっぱいになり、
気がつくと閉店の11時。
家賃が高かったので、なるべく長い時間お店を開けて
家賃の負担を軽くしようと、
セブンイレブンを真似、朝7時から夜11時の営業にした。

そして1日の売上を締めてみて、伊藤くんとふたりでびっくり。
閉店作業とレジ閉めも初めてのことで
時間がかかり、結局午前様。

立ちっぱなしで、あっという間に1日が過ぎた。
夢のような、そしてフラフラにはなったけど、
なぜか心が軽くなった1日だった。
何もなかったけれど、
夢だけは大きかった。
懐かしい青春の1ページ。

2014年3月××日

他者の評価と、
自己評価

最近、相変わらず、
いろんな経営者と会うことが多いけれど、
活躍している経営者には、ある共通点があることに気づいた。
彼らの多くは、他者(お客さんも含め)がどう思うかではなく、
自分が欲しいと思ったり、
自分が正しいと思ったことを実践している。

周りをキョロキョロ見ないで、
ひたすら、自分が感動することを探している。
そして、見つけると
いいでしょう、と周りの人に勧める。
だから、周りから評価されることには関心が薄く、
自分がやったと思えることに集中している。
代官山も、周りの人から
こうしたらと言われてやったのではなく、
こういうのが欲しい、と思って創った。
自分が興奮したり、
居心地がいいと思える場所を創ろうと。

宇宙は、自分の外側にある宇宙と、
自分の心の中にある宇宙の両方があると思うが、
これからの時代は、
自分の中にある宇宙が重要になると思う。

自分の中にある宇宙が、
現実のものとして、社会的に存在する。
これからの変革の時代は、
過去の歴史の中で生まれたものや、常識が、
新しい世界のイメージが見えている人が創造するものに、
どんどんリプレイスされていくと思う。
ケータイ電話が、スマホに変わったように。

もっと、自分の中のイメージをしっかり
可視化したい。

2014年3月××日

二号店は失敗する、
というセオリー

と、代官山

TSUTAYAの加盟企業さんの、
一号店は成功する確率は高い。
だけど、2号店でよく失敗する。

直営でも同じ。

初めてのことは、みんな自信がなく、
謙虚に、あらゆる角度で「企画」をする。
だけど、1号店の成功体験は、
同じことをやれば2号店も成功するだろう、と
関係者を錯覚させる。

T-SITEについても、
代官山が初めての試みなので、
ありとあらゆる角度で企画を積み重ねた。

ことの発端は、日本の「人口クラスター」について、
過去の歴史とこれからの変化のグラフを見たこと。
つまり若者はどんどん減り、
60歳以上のお年寄りがどんどん増える日本になり、
これからもそのことが加速する中、
TSUTAYAもプレミアエイジ（60歳以上のお客様）に来てもらえる
TSUTAYAにならないと、
お客さんがどんどん減ってしまう、という危機感から、
新しいプレミアエイジに来てもらえる
TSUTAYAを代官山で企画した。

立地の悪い
（企画をしないといけない立地を敢えて選んだ）場所でも、

お客さんに来てもらえるように、
「シンボリックな建物」にするため、
美術館のような建物をつくろうと、
創業以来やったことのない「建築コンペ」を企画し、
優秀な設計事務所の人に
デザインを考えてもらった。
結果、素敵な建物ができ、
代官山の名所になりつつある。

また、ライフスタイルを選ぶ場としてのTSUTAYAが、
その生活提案力を強化する為に、
本の分類を生活ジャンル別にすることに
チャレンジし、
洋書や中古本も揃え、お年寄りでも満足できる
奥行き感のある品揃えを実現した。

最も生活提案力があるのは、雑誌だと見切り、
「世界一」の雑誌の売り場を作った。

そもそも、お年寄りの為の蔦屋書店として、
お年寄りの関心である、「健康」を掘り下げ、
日本一の料理（医食同源）の売り場を作ったり、

生き方より「死に方」について参考になる
宗教や哲学、あるいはいろんな人の生き方を
本にした伝記などのコーナーをつくった。

プレミアエイジの人たちが、
残り少ない人生を豊かに過ごすために、

旅行や、住宅、あるいはクルマなどの
楽しみ方についての本も、揃えた。

また、それらを実現するために必要な
人材が社内にはいないことから、
優秀なコピーライターに新聞広告を企画してもらい、
「コンシェルジュ」を募集した。

プレミアエイジは、朝が早いとわかっていたので、
本とカフェの売り場は、朝7時から営業することにしたり。

他にもプレミアエイジの子どもたちはすでに結婚して独立し、
子供のいないお年寄り家庭の癒やしや、パートナーとしての、
ペットの病院付きのショップを導入したり、

足の弱ったお年寄りが、健康の為や、
気軽に遠くに行ける電動アシストつき自転車専門店
Motoveloを作ったり。
ちなみに、Motoveloの店名は、荒井由実をユーミンと
名づけたプロデューサー。

また、お年寄りの女性がもっとキレイになるための
エステのお店を作ったり、

お金持ちのお年寄りが、孫にプレゼントする、
外国のエコなおもちゃの専門店に出店してもらったり。

あるいは、カメラ好きのお年寄りのために
カメラ専門店をつくったり。

また、
お年寄りは、段々クルマに乗らなくなり、
タクシー利用のお年寄りが多いので、
タクシーで来やすい、
あるいは、帰りもタクシーが拾いやすい
お店を実現するために、タクシー乗り場をつくり、

お酒を飲んだお客さんに、
タクシー乗り場にタクシーが待っているか
わかるシステムを、Anjinに導入した。

結果、かっこいいお年寄りが
「自分の店」として使ってもらえるようになっていると思う。

逆に、代官山周辺には、
独立系のクリエイターの事務所も多く、
彼らが企画に必要な雑誌や書籍、
映画や音楽のアーカイブ、あるいは、
ライフスタイル系雑誌のアーカイブなど、
企画に必要な素材を集めたAnjinというサロンを作った。

営業時間はクリエイターが、夜仕事ができるように、
夜中の2時までの営業とし、
スターバックスでも自由に本を読みながら
仕事ができるようにした。

4000坪の施設全てが、
「クリエイターのオフィス」となるように、
懇親が出来るレストランにも入ってもらった。

結果、T-SITEのあらゆるところで
クリエイターがMacを使って仕事をしている。

また、地域のクリエイターにとっては、
24時間のコンビニエンスストアを入れることで
より仕事や生活が便利になったと思う。

空間づくりについては、店が溢れる時代を意識して、
店的な要素は全て排除し、「家」というコンセプトで
居心地のいい空間を実現した。

お店の分類POPや、
案内サインもその存在感を消すために、
パンチングメタルを使うことで、存在感を薄めた。

だから、テナントさんにも
お店の看板や、広告の看板を出さないように
お願いし、最小限の表現にしてもらった。

お客様が、
他のお客様の「風景」になるとの考え方から、
素敵なお客様に来てもらえるように、
いろいろな仕掛けを考えた。
まずオープンについては、告知をしなかった。
風景になるようなお客様にだけ来てもらうために。

代官山は、大使館も多く、
外国人が多く住んでいるエリアで、
かっこいい外国人に来てもらうように、
サインは全て日本語、英語、中国語の3ヶ国語にしたし、

本当は、
外国人のいる風景を実現するために、
オープン時の内覧会では、
モデルクラブの素敵な外国人女性に大勢来てもらい、
風景を作ってもらった。

だけど、オープン後は、
モデルさんたちに依存しなくても、
素敵な外国人がたくさんお見えになっている。

その要因として、テナントの
レストランのシェフが、外国人で、
今も多くの外国人がレストランに来られ、
施設全体を利用してもらい、
素敵な風景になっている。

制服は、来られているお客様が、
素敵に見えるように、
また、働く誰が着ても、サマになり、
お客様が引き立つようにモノトーンとし、
清潔感を演出した。

そして、空間設計も、
お客様が大勢来ないということを前提に、
1人で来ても落ち着く空間、ということを
設計者に依頼し、ヒューマンスケールで小部屋方式の
売場を作ってもらった。

絶対に人が来ないと思って創った代官山。
市場調査を徹底し、
コンセプトをいろんな角度で探し、
来てもらった時に、一人でも居心地がいいような空間を、と。

そんなことをたくさんやってきたけど、
実際にお客さんが来てくれているのを見てしまうと、
これらの見えない努力はすっかり忘れさられ、
逆に、成功体験を持ったばかりに、
同じようなものが簡単に作れる、と錯覚してしまう。
だけど、本当は2回やっても、
ものすごく難しい仕事なのに…。

2014年6月××日

中期計画の　嘘

きょうは、朝8：15から、
CCCのヘッドクォーターの会議。

その後、グループ会社の会議があり、
午後は、パートナー企業との打ち合わせで外出。

長らく留守をしていたので、社長室メンバーや、
関係会社との打ち合わせと、
今週お見えになる、Tポイントのアライアンス企業との
事前打ち合わせなど、
帰国初日にもかかわらず忙殺された。

最近、そういう忙しさの中で思うこと。
中期計画をつくらなくちゃと、
数字だけの中期計画が、いろんなところで作られているが、
そういうことに増田はいつも、ストレスを感じている。

なぜならば、
今わかっていることや、
読める数字で組み立てをしても、
将来起こる、今見えていない変化や、
新しく生まれるチャンスや、
それを成し遂げる執念などで
数値(結果)は大きく変わる。

増田は創業以来いつも、「どうなりたいのか」、
競争に勝つには、「どこまでやればいいのか」、
ばかりを考えて、目標を作って来た。

そして、その実現の為に必要なプロセスは、
実はいつも見えていない。
だから、中期計画を作ってから、
どうしてこの数字を実現したらいいのか、と
毎日考える。

「執念なきものは、問題点を指摘し、
執念あるものは、可能性を議論する」
とほぼ同義。

そもそも決まったことをやることが、仕事でもないし、
人生でもないから、
自分の人生や、自分の未来は楽しく設計したい。

やりたいと思うこと、
そして、競争に負けないで、生き残ること、
その為になら、

人は、がんばれる。
中期計画というのは、
リーダーが、そういう想いで作らないと
社員も元気にならないし、
結果として、大きな成長も出来ない。

グループも大きくなり、
どんどん権限をリーダーに委譲していくのも
そういうリーダーになってほしいからなんだけど。。

もっと夢を描いて欲しい。

会社の規模は、
社員一人一人の夢の総和でしかないと思うから。

2014年6月××日

儲かる仕事って…

増田の同級生に、お金持ちのボンボンがいる。

先祖さんが残してくれた土地に、
ご両親が賃貸マンションや、貸店舗を作り、
彼には、毎月安定した収入がある。

だから、大学を出てから今まで、彼は仕事をしたことがない。
今でも、毎日のようにゴルフに行ったり、旅行をしたり、
頼まれて地域の役員をしたり、経済団体の活動に精を出したり。

そんな彼も、ある時期事業をしようと、
何度かチャレンジしたけれど、
全て失敗した。
人は悪くないんだけれど、
マーケティングの基本も知らないし、
投資採算計画も作れない。

だけど、お金を持っている、
特に資産がたくさんある、と周りの人は知っているので、
いろんな金儲け目当ての人種が周りに集まって来る。

例えば、新しい事業に投資をしませんか?と出資を頼まれたり、
事業は上手くいっているけれどお金が足りない、と言われて
お金を貸したり、
時代遅れのレストランを買わされたり…。
そして、彼は先祖の資産をずいぶん食い潰した。

お金儲け、というのは、
お金を儲けたい人が実現するのではなく、

社会的にも意味のある顧客価値を企画し、
それを適切なコストで実現した時のみ、利益が残るもの。

ビジネスは、いろんな利害関係の上に成立している。

お客さんとは「価格」という関係で成立し、
取引先とは「取引条件」で成立し、
社員とは「給料」という関係で成立し、
株主とは「配当」という関係で経済的に成立する。

それぞれの関係者に、もし「迎合」していたら、

例えば、お客さんに原価割れで安く商品を売ったり、
社員に、法外に高い給料を払ったり、
とんでもない取引条件で仕入れたり、
株主が喜ぶ、思い切った配当をしたりすれば、
たちまちのうちに会社は倒産する。

だから、
お客さんが、高くても欲しいと思う顧客価値を企画し、

社員には、お給料以上に「働きたい」と言われる
会社や仕事を作ったり、
仕入先が、将来の事業展開を期待し、信用してくれ、
納得してくれる仕入れ条件で取引出来、
少ない配当でも投資をしてくれる
将来価値のある会社を実現した時のみ、
会社は儲かり、社員も成長出来るし、
取引先も一緒に成長出来る。

だから、「儲かる事業」なんて、そもそも存在しない。

儲けは、それら努力の結果であり、原因ではない。

だから、「儲かりますよ」って言われた瞬間、
増田は聞く耳を塞ぐ。

そんな自分にとってだけ、都合のいい仕事や事業は、
一時は存在しても、継続は出来ないと思うから。

そういう難しい事業を、
楽しんで、実現しようと思って、CCCを始めた。

だから、難しい局面にあっても、
仕事は今でも楽しいし、仲間を大切にしたいと思う。

2014年6月××日

会社の成長って

昨夜、ある会社の社長から、
仕事の相談を受けた。
彼は、今の会社を始めて数年だけれど、
急成長している。
そこで悩んでいると。

今の勢いに乗って、更に急成長した方がいいか、
踊り場を作って、内部の人材育成に力を注いだ方がいいか、
という相談。

増田の答えはシンプル。
経営というものは、
経営者が選んでするものじゃない。
急成長できるチャンスがあるなら、
そのチャンスを活かすべきと。
かといって、人材育成をおろそかにしてはいけない。

すなわち、
増田の答えは、今の勢いを大事に、
その勢いを使って、将来の人材を育てるべきだと。

増田も、創業してからすぐの3年目の頃に、
大阪の江坂に出したTSUTAYAが話題になり、
いろんな人が見学に来られ、出店依頼が相次いだ。
しかし、当時はそんな出店をできる体制も
サポートの体制もなかったけれど、引き受けた。

結果、東京や九州に支店を作らざるを得なくなったり、
人材不足から、採用を大々的にしたりして、
結果、たくさんのお店を出店したり、
サポートできるような会社になった。

もし、出店依頼を断って、
内部の充実と称し、そういう仕事をやっていなかったら、
マイペースでは仕事ができたかもしれないが、
人材の獲得や、育成はできなかったと思う。

無理をして、
ディレクTVという仕事に取り組んで、
業界の優秀な人に出会ったり、
コンテンツビジネスの構造を知ったりしたことが、
今日の成長の原因となっている。

会社が成長するとか、
人材が育つとかは「結果」であり、

それを成し遂げるのは、
経営者の勇気やチャレンジだと思う、と。

2014年8月××日

パワーポイントは

手段の
ひとつなのに…

増田は、
「数字」を質問することが多い。

なぜなら、
人に説明する時に、数字で説明するとよく伝わるから。

例えば、
今、室温は26℃、と聞けば暑いってわかるし、
18℃だと寒いってわかる。

だけど、
質問で、「今、何度?」と聞くと、
答えは、「暑いですか?」。
増田は、室温を聞いているのに、
違った答えをする。

「この通路は、何メートル?」って聞いたら、
「代官山より広いです」と答える。

つまり、両者は数字を把握していない。

相手が聞きたいことに答えず、その場を取り繕う。
そういうことは、
企画会社ではやってはいけない。

なぜなら、
知らなかったら聞けばいいし、
聞いた結果、
通路幅が「情報」としてインプットされる。

広いです、と答える人には、
その通路幅の数字は頭に入らない。

だから、次も同じ対応をする。
一旦、数字を覚えてしまえば、
その人の知識になる。

パワーポイントによるプレゼンテーションも、
増田が営業する際に、
もっとも情報を伝える方法として
使っている手段に過ぎない。
目的は「伝える」こと。

昨日も、
二子玉川のプロジェクトを一緒にやってもらう、
企業のトップを案内したけれど、
言葉や数字で言ったほうが
伝わる場合は「口頭」で話をし、
紙や図面や写真で説明した方が
伝わる場合は、「ペーパー」で。

現地で見たほうがわかる事柄については、
「現地」を案内する。

自分たちが目指す、店作りの方向やゴールは、
「パワーポイント」で、プレゼンテーションする。

あくまで、
パワーポイントは、「方法」にすぎない。

伝えたいことがあるから、
それをパワーポイントに、増田はしているだけ。

会議でよく、
人が作ったパワーポイントの資料を、
ただページをめくっているだけで、
中身について全く理解していない人がいることに驚く。

プレゼン内容について質問をしても、全く答えられず、
ひたすらパワーポイントのページを先に送っていく。

伝えたいことがあるから、パワーポイントにするはずなのに、
パワーポイントをつくることが、ゴールになってしまっている。

時代の流れをしっかり分析できていて、
本当に顧客価値のある、
企画にまとまっていれば
それを、自信を持って説明できるはず。

それができないのは、
自慢できるほどの内容が、まとまっていないからだと思う。

過去に作った企画の上であぐらをかかずに、
小さなことでもいいから、
一人ひとりが自慢できる「企画」をつくってほしいと、

会議室で、空虚な応答を聞きながら、
いつも思う。

2014年8月××日

2号店が
失敗する理由

2号店は失敗する、
というジンクスを、増田は何度も見てきたし、
自分でも、経験をしてきた。

TSUTAYAは、枚方で1号店をつくり、
大勢のお客さんに支持され、その勢いにのって、
二つ駅向うの香里園に、2号店を作った。
しかし、この店は大失敗。

そして、その失敗した在庫や、什器を、
どこかに移転しなくてはいけなくなって、
探した物件が江坂の倉庫だった。
後のTSUTAYA事業が大発展をすることになった江坂店。

なぜ、香里園店は失敗したのか?

増田は、今振り返ってみると、
1号店の成功体験が原因と思う。

成功は失敗のモト、
失敗は成功のモト。
とよく言われるけれど、香里園の失敗はまさにそれ。

つまり、
1号店を作ったときは、
市場調査をし、競合店を調査し、
本当にお客さんの気分になって、
行きたい店かどうか?
借りたい商品があるかどうか?

売場に行った時にドキドキするか?

働く社員やアルバイトにとって、楽しい環境になっているか?
作業に無駄がないか?
など、あらゆる視点でお店を企画した。

なぜなら、失敗することは、
借入金を返せないことを意味し、
事業に留まらず、家庭も崩壊するというリスクが怖かったから。

しかし、1号店が成功すると、
お金が毎月残り、借り入れしていることを忘れ、
もっとお金を儲けようとする。

しかも、「こうすればこうなる」、という成功体験を積んでいるので、
「こうすれば」、ということが可能な物件を探す。

つまり、お客さんの気分になって店をつくる、
というプロセスではなく、
成功パターンをもうひとつつくろうとする。

だけど、お客さんは、行きたい店には行くけど、
行きたくない店には行かない。
場所が違えば、競合も違うし、お客さんを取り巻く環境も違う。
地方で成功したからといって、
同じ事を都心でやっても失敗する。
なぜなら、都心は地方と違って、
時間を楽しむあらゆるサービスが在るし、競合店もひしめいている。
人口が少ないと、サービスも少ない。

そして、強い競合もいない地方での商売と、
都心で求めるお店や商売は全く違う。

お客さんを見ない、
あるいは社員の働くワクワク感を考えずに作った店に、
人が集まるはずもないし、働く社員も楽しくない。
成功体験が、人にそういう基本的なことから、
目を離させてしまう。
だから、2号店は失敗することが多い。

逆にいえば、

2号店であろうと、1号店の経験を踏まえ
お客さんの立場にたってもっと考え、
社員やアルバイトさんの立場になって、
もっと行きたくなる、
あるいはもっと働きたくなるお店を企画できれば、
1号店以上に成功する。

人間というのは、本当に誘惑に弱く、
驕り高ぶる生き物だと、改めて思う。
仕事を成功させる能力より、謙虚さを失わないことの方が、
実は、成功することにとって大切かもしれない。
成功すると、自信ができ、他人の話もだんだん聞こえなくなる。
それでは、うまく行くはずがない。

まるで、宗教のように、毎日反省の日々。

2014年10月××日

経営とは
失敗の許容である

人は、誰でも失敗はする。
できないことをやるから。
できないことをやらなかったら、成長しない。

企画会社の成長は、
売上や利益の大きさなどで計られるべきでなく、
企画会社を構成する人材の企画力によって
計られるべきだと。

先日もやらかしてしまった。
だけど、こういう失敗ができることで、
人としての経験値は大きくなるし、
次にチャンスがあれば、必ず成果を出せると思う。

だけど、
失敗してめげていたら、
そのチャンスはつかめない。
そして、その失敗も、
成長しようとしてがんばったテーマなら、
必ずその人のためになる。
だから、成功には実は失敗という

踏み台がいつもある。
成功体験は踏み台にはならない。

失敗した人が、これを経験に活かそうと、
前向きに、次のチャンスにまたチャレンジしてほしいし、
経営も、失敗した人にこそパワーが蓄積されていると考え、
チャンスをあたえるべきだと思う。
よからぬ思いで失敗したり、
手を抜いて失敗する失敗はダメだけど。

そして、企業が成長すれば成長するほど
失敗することの大きさが大きくなる。
だけど成長のためには、チャレンジが必須。

そして、失敗する。

思い起こせば、たくさんの失敗をしてきた。
みんなが知っていることも、知らないことも。

そんな失敗をしても、
ここまで生き残れたのは、
その失敗を、成長の利益で飲み込んできたから。

つまり、
「経営の本質は、失敗の許容」という、

増田が大事にしている言葉を思い出す。

2014年11月××日

日進月歩

企画は、北極海に浮かぶ氷山のようなもの。
海の上に浮かんでいる部分の何倍もの氷が
水面下にあり、その浮力で氷山は浮かんでいる。

増田のプレゼンも、
実は氷山のようだと自分で思っている。
プレゼンテーションしていない多くの経験や情報が、
増田のプレゼンの根底にある。
だから、
増田のプレゼンだけを真似しても、
なんとなく薄っぺらく感じてしまうのは、それが理由。

これが大事だ、というメッセージも
いろいろ経験をしたり、いろいろなことを知っている人が言うのと、
それしか知らない人が言うのとでは
説得力が全く違う。

代官山T-SITEは、12月にオープンして4年目に突入。
いろんな人が真似をしても、いいものはできない。
それは、T-SITEをつくるプロセスで、
いろんなことを考え、いろんな失敗を積み重ね、
出来上がったから。
湘南T-SITEは、
そういう経験をもとに、更に新しい試みで
作った商業施設。
この3年間に、いろんな変化が起こっている。
その変化を取り込んで作ったので、
湘南T-SITEは、更に魅力的な空間となっている。

日進月歩の時代において、
真似をする、という行為は、
後退するということを意味している。
梅田にしろ、二子玉川にしろ、
新しいことにいろいろ取り組んでいると思うけれど、
長い目で見ると、それは当たり前のことで、
特に自慢すべきことではないと思う。

常に、どれだけお客さんの未来を考え、
物件の理解を深め、企画の質を高めるか？
という、執念こそが時代を創りだせると思う。
時代の変化が早ければ早いほど、
CCCは常に時代を創る企業でいたいと思う。

2014年12月××日

最近、
営業していて

思うこと

僕らは「企画」を売っている。
だけど、企画というのは、
お客さんの理解の領域の外にある。
つまり、見たことがないし、
説明されてもわからないことが多い。

経営者には、2通りのタイプがいると、
営業していて思う。
積極的に僕らの提案を理解しようと努力し、
理解できなくても賭けてみよう、と
リスクをとる経営者と、
いくら懇切丁寧に数字を以って説明しても、
リスクを恐れて決断しない経営者、
の2つのタイプ。

高度成長している時の経営者は、
あえてリスクを取らなくても、本業は人口増加や、
国の発展によって、売上は伸びた。
しかし、新しい技術革新がどんどん生まれ、
国際間の競争にさらされ、また、人口が減っていく日本において、
変わらないことはリスクだと思う。
しかし、自ら変革することは難しい。

なぜなら、社内の人は過去の成功体験を引きずるし、
毎月毎月売上は上がってくるし、
こうしたらいい、という新しいイノベーションの企画が
社内からあがってくるような会社は、少ない。

今日会った会社の社長は、
社員に毎日発明をすることを要求しているのだと、
増田に話をしてくれた。
つまり、毎日発明する会社。

発明とは、過去になかったことを企画する、という点で
言い方は違うけれど、
CCCの思想と、全く同じだと感銘。
こういう会社の社長が世の中を変えていくし、
会社を成長させる経営者なのだと思った。

忘れていた行動規範、
「失敗を恐れない、その先に成長がある」、を思い出した。

CCCも、毎日発明しないと、
企画会社ではなくなってしまう、と。

そういえば、
最近、Macしか使わない
クリエイターのお客さんが多いことに気づいた
社長室のメンバーが、
Mac用の、接続備品ボックスを用意していた。

これも小さな発明!

2014年12月××日

真実はひとつかもしれないし、
ひとつじゃないかもしれない

世界の戦争は、
宗教に根付いた戦争である。
と、歴史の本に書いてあった。

宗教それぞれは、言っていることが全く違う。
例えば、ヒンドゥー教では
牛を食べたり殺したりしてはいけないと教えているし、
イスラム教では、豚を大切にしようと教えている。
イスラム教の人が、ヒンドゥー教の人の前で、
おいしそうに牛の肉を食べると、
感情的に受け入れられないし、
その逆もある。

他にも、
結婚した男女が、
果たしてこの人を選んだことが人生にとって
正しいことなのかどうか、
別れた方がいいかどうか、
このまま続けてもいいのかどうか、
って考えることもある。
だけど、そんなことの真実を追い求めて、
考え続けたり、本を読んだり、人に聞いたりしても、
そのうちに人生は終わってしまう。
事程左様に、正解がひとつであることは少ない。

つまり、
CCCが目指す企画会社の仕事の答えも、ひとつではない。

なのに、
何が正しいかと、議論を重ねたり、
研究を重ねているうちに、時代は移り変わってしまう。

だから、
増田は過去、本当かどうか、ということより、
お客さんを喜ばせることができるかどうか、
あるいは、
その資金が、利益となって、借入金を返せるかどうか、
ということだけに絞って仕事をしてきた。

真実を求めるのは学者の役割であり、
事業家はリアルな価値を生み出すかどうかが、
役割だと思うから。

だから、
社内の何が正しいか、というような議論をしている人たちに、
あるいはそんな会議に、増田は興味が無い。
誰がリスクを取って、その企画を事業化しようとしているか、
しか見ていない。

　　　　　　　　リスクを取る人にしか
　　　　　　　　真実は存在しない、と思うから。

　　　　　　　　2015年1月××日

主体性を
育むためには

企画会社として、
世界一になろうと決意した日から、
命令で動く組織ではなく、
情報共有を徹底して、みんなが主体的に、考えて動ける組織、
をつくろうと決めた。

主体性を育むために、
増田は、なるべく命令をしない上司、
になろうと努めてきた。
現場の欲しい情報も、部下の人が
上司を動かすために必要だと考えて
自然と情報を共有しようと思うような、チームを目指して。
もちろん、組織としては
命令した方がはやいし、効率はいいのだが、
あえて、効率を犠牲にしてきた。

会社に、仕事やお金がない時は、
それでもみんな、いろいろ考えたり、
いろいろやってみて、
チームで、あるいは会社で、仕事をこなしてきた。
そのプロセスで
無駄はたくさんあったけれど、
主体的に動ける人が育った、と思う。

しかし、会社や組織の規模がさらに大きくなると、
チームのリーダーは、その肩書きで
社会的にはちやほやされるし、
社内的にも部下が増え、
仕事をやってる感、は増えていく。

加えて、
加盟店さんからのロイヤリティや、
その他の安定収入で利益も出るようになると、
更にやってる感は増す。

しかも、
決まった仕事(ルーティンワーク)が増え、
それぞれの業務をこなせる体制ができると、
命令で動ける組織になり、
結果、主体性まで奪われる。

つまり、
お客さんのことを考えなくなったり、
競合の動きに鈍感になって、
攻められてから気づいたり、
お客さんにおいてきぼりにされたり。

技術革新の激しい時代では、
新しい技術を利用して、
新しい競合がどんどん生まれてくる。
つまり、
新しいテクノロジーで、
新しいサービスを生み出すベンチャー企業に
安定収入にあぐらをかいている人が、追い込まれる。

変化に対応していては、会社は潰れるし、
変化を創り出さない限り、会社は、成長はできない。

主体性のない人の集団は、
変化に取り残され、
社会からも必要とされなくなる。

もっとお客さんに喜ばれる技術やサービスを企画し、
実現するベンチャー企業の精神を、
忘れてはいけない、と思う。

2015年1月××日

今日、感動した一言

「覚悟はあるのか?」

CCCが、今手掛けているたくさんのプロジェクト。
そのひとつのプロジェクトを任された社員が、
お世話になる商業施設全体のプロデューサーに
挨拶に行った時に言われた言葉。

生活提案業と言いながら、
生活提案できる社員が少ない現状。

例えば、
食事のこと、
住まいのこと、
ファッションのこと、
デジタルライフのこと、
カーライフのことや、
アートやワインのことなど、

増田も含め、お客さんに提案できるコンテンツを
持っている社員は少ない。
また、
1000坪を超える店舗や、商業施設を作ったり、
その商業施設のバックエンドのITを、つくった人も少ない。

増田が入社2年目で、何も知らないまま
軽井沢ベルコモンズを任された時と同じレベルの
経験や知識しかない社員。
そんな社員でも、
軽井沢ベルコモンズを任された増田のように、

いろんな専門のスタッフに手伝ってもらいながら、
いろんなことを実現することができる可能性は高い。
できるから任せるのではなく、
やりたい人に任せる。

できなくても、
プロジェクトを成功させるために必要なこと、
それは「覚悟」。

覚悟があれば、逃げない。
覚悟があれば、言い訳しない。
覚悟があれば助けてくれる人も現れる。
覚悟があれば、発見の機会も生まれる。

そんなことを何度も経験して知っている人だから、
CCCの社員に、「覚悟はあるのか?」と
大きな声で脅してもらったんだと思う。

改めて、いい外部の人に
恵まれていると感謝。

2015年3月××日

信用を創るということ

増田は、自分の体験から、
信用を作るために、してはいけないことをいろいろ見たり、
経験したりして学んできた。

その一つが、人のせいにしないこと。

人と人が約束をし、それを繰り返し実現することで
信用は生まれる。

アップルが出す新しい商品を買った客が、
毎回これはいい！と体験することを繰り返すと、
「アップルはすごい」とブランドになる。

だから増田も、小さな約束、お酒の時の約束、大きな約束を含め、
できるだけ数多くの約束をし、
それを実現することで、
相手から信用されるように努力してきた。

だけど、会社が大きくなり、仕事の規模も大きくなると、
人に頼まないといけないことも多い。

例えば、お客さんから頼まれた建築の仕事も、
自分でやるわけにいかず、建設会社に頼むし、
商品の調達も問屋さんに頼む。

頼んだ相手が約束を守ってくれて初めて、
増田とお客さんとの約束は達成されるけれど、
往々にして、取引先からすると、小さなCCCとの約束は
後回しにされることが多かった。

しかし、そんな時に増田は、取引先のせいにせず、
商品なら、自分でメーカーの工場まで取りに行ったり、
建設で材料が足りない場合は、調達に走ったりした。

なぜなら、増田が取引先のせいだと思っていたとしても、
お客さんは、増田は約束を守らない男(会社)だと
思ってしまうと思うから。

だから「絶対に」人のせいにはしない。

それを続けていると、
いろんなお願いや仕事が増田にくるように、
自然と情報も集まり、
結果、企画力もあがり、
また新たな企画につながると思うから。

2015年4月××日

直感力

データを見ていると、世の中の変化を見つけたり、
データを見ていて、お客さんの思考がわかったり。
だけど、データはデータのみでは、何も生み出さない。

データベースマーケティング企業と言いながらも、
データは何も生み出さない、と創業してから、
実はずっとそう思っていた。

大事なのは、データを読み取る感性や経験。

だけど、それ以上に増田が大事にしているのは
人間が持つ「直感力」。

創業してから、大勢の人と面談していると、
この人は信頼できそう、とか
この人は仕事ができそう、とか
直感的に感じることが多い。

もちろん外れることもあるけれど。

物件についても、
この物件はいいとか悪いとか
現場に足を運ぶと、感じることが多い。

もっといえば、直感で感じたことを検証するために、
いろいろ調べて論理的に判断する。

つまり、データは、増田にとっては
企画のための道具ではなく、検証や人に説得するための道具。

先日も、とある物件を見てくれ、と
とある人から頼まれて、現地に足を運んだ。

そこで感じた物足りなさ。
何か腑に落ちない感じ、がしたので、
いい物件だね、とは言わなかった。

その後その物件で、残念な事故が起きた。

論理的には解明できなくても、
人はそういうことを感じるチカラを持っている。

CCCが上場していた頃、管理の人から
「直感的に」という言葉は使わないでほしい、と
いつも言われていた。

直感で経営していることは、低レベルな経営、
と思われ、株価に影響するからと。

だけど、人間が持っている
想像力や、直感力を活かすことこそ
情報化社会においては重要な戦略。

数字の集計や、解析はコンピューターがやってくれる時代。

人間が本来もっているそういう才能を
もっと活かされる経営をしなければいけない、
と、最近つくづく思う。

2015年5月××日

分業化の弊害と

ビジネスチャンス

創業当時の増田

物事は、一人から始まる。

TSUTAYAをやろうと思ったのも、
増田の頭の中。

伊藤くんを誘って、枚方でTSUTAYAを始めた。

設計も、ゾーニングも、商品調達も
アルバイトの採用も、売場の分類POPも、
レジの設計も、売上日報も、
何より、銀行借入もすべて2人でやった。
もちろん店舗の施工や、
サインなどは専門の会社にお願いはしたけれど。

それらをするために、
コンセプトの理解や、
売上計画を作るための市場調査や、
アルバイトの教育マニュアルや、
シフト表まで、
自分たちで考えた。

オープンした初日は、
売上を数えるだけでものすごい時間がかかったし、
レジ誤差を調べる余裕もなかった。

お店が終わったら、商品を棚に戻したり、
翌日の準備をしたり。

2日目は、
商品を納品しながら、
どんな分類や、どんな提案をしたらいいのか考えながら、
品出しをしたり、
商品にPOPをつけたり。
とにかくなんでも2人でやった。

物件の開発も、何ヶ月も通って、大家さんと条件交渉したり、
契約書をもらって、弁護士さんに相談したり。
果ては、税金の申告を税理士さんとしたり。

ところが、お店が成功すると、
2号店目、3号店目…と出店していくプロセスで組織ができ、
なんでもやる組織から、作業分担ができる体制に。

例えば、
出店は出店の担当者、
商品は商品の担当者、
運営は運営の担当者、
そして、経理や人事などのバックエンドは管理担当者、
というように仕事が分業化していった。

更に、全国展開になると、
地域の担当者ができたり、
ITやデータにも専任の担当者が生まれた。
そして、効率よく出店や運営ができる組織が完成すると、
仕事がルーティンワークになる。

先日、CCCにある会社の

経営陣の人たちがお見えになったが、
増田が受けた印象は、
役割分担が進むと、情報が分断され、
全体的な情報が共有されなくなる、ということ。

例えば、食の生活提案をする人は、
毎日いろんな食を知らないといけないだろうし、
少なくとも、イタリアの、
食の万博(ミラノ万博)は行っておかなければいけないし、
あらゆる食についての情報を持っていないと、
新しい食の売場の企画なんかできない。

だけど、
大企業の食の担当者は、
食の売場を任されているだけで、
担当者が本来必要とする、そのような情報を、
持っているケースは少ない。

任された売場の売上を、
去年よりももっと売れるようにするには
どうしたらいいかと、
供給者サイドの思考で、から回る。

本当はお客さんの気分で
世界中のいろんな食や、食のお店や、
新しい食のシステムなどを徹底して見て歩いて、
新しい食のライフスタイルを提案しないといけないと思うけれど、
そういう動きをしている大企業の担当者は
見たことがない。

だから、
20年くらい前に、データベースマーケティング企業になる、
と言った時、バカにされたけれど、
最近は、生活ジャンル別の
ライフスタイルを提案する領域で、
日本一を目指したい、と思っている。

何を無駄な、バカなことを言っているのか?と
思われればシメたもの。

なぜなら、
同じようなことをする人が出てこないし、
一番になれるかもしれないから。

最近、増田が密かに企んでいるアイデア。

2015年12月××日

師走の人混みの中で思うこと

好きで、
一緒で、
楽しんで。

会社を始めた頃に、
心からでた言葉。

どうせ仕事をするなら、
好きなことを、好きな仲間と
楽しみながらやりたいと。

もちろん、32年間、
仕事は楽しかったことばかりじゃなかったけれど
振り返ると、総じて楽しかったし
今も楽しい。

いろんな節目もあったけれど。

最初の節目は、
枚方店を開店して、
すごく利益が出て、
江坂に蔦屋書店の2号店を出した時。
当然、1店舗しかできない陣容で
2店舗目を開いたので、
1号店の枚方店は、弱体化。

売上は落ちなかったけれど、
顧客サービスが、慣れないアルバイトさんが
中心になってしまい、サービスのレベルが低下。
そんな時に、ハイジのママから
「お店を増やすのは、会社の勝手だけれど、
そのために、大事なお客さんを犠牲にしてはいけない」
と、教えられた。
確かに、サービスのクオリティが下がれば、
お客さんは不満に思うだろうし、お店に来なくなる。
それでは商売が続かない。

2号店をつくって、
周りからチヤホヤされていた増田にとって、大事な一言だった。
すぐに江坂を作った時以上のサービスを
枚方で実現しようと、頑張った。
結果、
江坂のお店のレベルもあがって、お客さんに喜ばれた。

同じようなことを、
CCCを作ってFC展開を始めた頃、
増田が創業以来指導を仰いでいた
伯父さん(母の長兄)から、
「なんのために会社を大きくするのか?
会社を大きくしたい気持ちはわかるが、
大きくなると、不自由になるぞ」と。

会社が大きくなると、
なぜか自分が立派になったように錯覚するけれど、
確かに、借金も増え、社員も増え、
管理すべきことが増えて、楽しくない仕事が増えた。
伯父さんは、人生には限りがあるから、
楽しくない仕事は増やさない方がいいよ、と
言ってくれたのだと、その時思った。

しかし、心の中では
会社が大きくならないと出来ないこともあり、
出来ないことがあるというのは、
自由じゃない、と本気で自由を求めて
会社を大きくしていった。
例えば、

大きくならないと、システム投資はできないし、
大きくならないと、取引条件も優遇されないし、
大きくならないと、優秀な社員も入ってこないし、
大きくならないと、いい物件も取れないし、
金利も下げてもらえない。
つまり、会社を大きくすることで
会社は利益を出し、いろんなことができるようになり、
優秀な社員も入って、
1人1人のお客さんに対していいサービスができると思った。

前の会社でも、
「すべては売場に集約されねばならぬ」
と教わったひとつの在り方。

だけど、大きくなるプロセスで、大きくする目的を忘れたり、
自分たちだけが喜んだり。

だから、会社が大きくなってサービスの質が落ちたり、
仕事をする楽しさが劣化しちゃ、
会社を大きくした意味がない。
仕事を楽しめる会社でなきゃいけないし、

もっと、
小さかったらできなかったサービスを、
実現して、お客さんに喜んでもらわないといけない。
師走の人の流れの中で、原点を思い出した。

2015年12月××日

営業するということ

営業する、
というと、何かをお客さんに売って、
お金をもらうことをイメージするけど、
本質はそんな単純なことじゃない。

企業のエゴのために、
何かを売りつけられて、お金を払わされて、
喜ぶお客さんや、企業はいないから。

ではなぜ、企業はその商品を買うかというと、
買うコスト以上の価値を得られるから。

その価値と支払ったコストとの差が、
大きければ大きいほど喜ばれるし、
それを売ってくれた人は、感謝される。

増田はいつも、その「差」の大きさを意識してきた。

コストと価値が一緒なら、クレームにはならないけれど、
次に会ってもらうことはできない。
差が大きければ、また期待されて、
先方から会いたいと声がかかる。

このことは、当たり前のようで実は難しい。

自分が持っている商品の価値が5であっても、
ある人にとっては3の価値しかない場合もあるし、
10になる場合もある。

だから、いい商品だからといって、
お客さまに喜ばれるとは限らないし、
最悪の商品でも、お客様を幸せにできることもある。

つまり、商品に絶対的な価値はない。

だから、増田はいつも、
まずお客さんのことを知ることに全力を尽くす。

どんな状態か、
何を求められているか、
何がその会社に役に立つのか、
その会社の問題はなにかなど、
総合的にその会社が成長できる要因を
徹底して探す。

その会社のことについて書かれた本や、
経営者の発言が載った週刊誌を読んだり
株主の状況や、取締役会の構成や、
売り上げや利益のトレンドなども、
徹底して分析する。

それらを分析し、経営者にも会い、
何かひとつ欠けているものを探す。
それがその企業にとって、一番必要なこと。

CCCが持っている商品がそれに合致すれば
それを売ればいいけれど、
持っていない商品ならつくらないといけない。

そういうふうにゼロからいろんな物をつくってきて
今日のCCCがある。

商品を生み出す企画力と、
商品を売ってお客さんに喜んでもらい、
CCCを信頼してもらえる顧客企業。

営業するということは、
実はそういう企画力を生んだり、
お客さんとの信頼を作り出す、
企業にとって一番重要な行為かもしれない。

けっして、物を売って儲けることではない。
自分だけが儲けることでは絶対にない。

企業にとって営業するということは、
人間にとって「生きる」ことと同義語だと思う。

2016年2月××日

明日から、

また新しい
年度が始まる

今日は3時から、年に1度の全社員会。
朝から、発表するコンテンツを社長室メンバーと作ったけれど、
天気もよかったし、
明日から新しい年度も始まるので
プレゼンの表紙を桜にしてもらった。

高輪のプリンスホテルの崑崙の間に
集まった社員は、総勢2500人。
いつもながら、大勢の会議でも0時00分にスタートできる
CCCの「文化」を誇らしく思った。

約束や感謝、というお題目ではなく、
参加者が会議の時間に遅れたり、
発表者が約束の時間を超えて、
みんなを束縛するようなことをしないことが大切だと、
いつも思っている。

今日の全社員会で、
増田が、伝えたかったメッセージは、
CCCグループの2015年のレビューと
2016年の方針や体制。

ここ数年お客さんと会っていて、
ますますプラットフォームの企画や、
DB（データベース）に関するニーズの高さや、
そして、何よりライフスタイルを提案する力を
多くの企業が、CCCに求めていることと感じていた。

だから、CCCグループは、
世界一の企画会社として「プラットフォームを作る仕事」、
DBMK（データベースマーケティング）企業として、
「DBコンサルをすること」
そしてプラットフォームの事業会社の人に
「ライフスタイルコンテンツを提供する」
という、「3つの仕事」しかやらないと決めた。

人は、なぜ仕事をするのだろうか？
人はどんな人生を送りたいのだろうか？
創業して事業が軌道に乗り始めた頃に、
そんなことを考える時期があった。
その時にみんなで、
会社のビジョンや、価値観について、話をした。
結果、CCCが一番大事にしたいのは「自由」と決めた。

仕事をするのは生活のためにお金を稼ぐことだけど、
お金を稼ぐ目的は、自分らしく生きるという
「自由」を得るためだと思ったし、
仕事を離れても、人間として自由になりたい、と思ったから。
仕事を通じて、
お金や人脈や経験やスキルを積み重ねられるような
会社を創ろうと。
つまり、人間として自由になれる会社。

言うのは簡単だけれど、
儲かっていないとそんなことは言えないし、
海外にもいけないし

最新のITツールも買えない。
借金が多いと銀行のいうことを聞かないといけないし、
上場していると株主のいうことを聞かなきゃいけない。

自由でいられること、
自由を勝ち取ること、
その1点のために、30数年やってきたことを思い出した。
みんなが、もっと自由になれるような1年に。
そして、
企画マンの集団
遊び人の集団
データアナリストの集団
それらを全部持った集団になろうと。

2016年3月××日

全体最適
と
個人の権利

普通に考えたら、
ペンシルビルは小さなビルなのに、
階段やエレベーターなど無駄が多いし、
住む人にとっても、狭くて使いづらい。

だから、土地を持っている人たちが、
みんなで共同して大きな建物を建てれば「効率」もいいし、
住む人にとっても「いい部屋」が作れる、
とわかっていても、土地を持っている人は、
自分の土地には、自分の建物を、建てたがる。
結果、都心には、デザインの違うバラバラのペンシルビルが乱立し、
街の風景も醜くなる。

かたや、パリの街は、
19世紀（今から160年前）に、
ナポレオン三世が、建物の高さを決め、
素材やデザインや色についてもルールを決め、
そのルールに基づいて、すばらしい街並みが今も残っている。
パリの街並みが、美しいのは偶然ではない。

個人の自由（自分の土地に、自分の建物を建てたい）と、
全体最適の関係（街並みがキレイ）は、
いろいろ議論されるが、
やはり生活者や、市民のために最適なことを選択すべきで、
個人の権利をあまりに認め過ぎると、
結局、その個人の資産をも棄損することになる。

経営や、ガバナンスというのは、
そういう利害が対立する事柄について、
「解決策」を企画することで、
権利者の言うことを聞いて
対応することではないとつくづく思う。

つまり、ガバナンスに必要なことも結局「企画力」なんだと、
企画集団の重要性を、
改めて、パリの街並みの写真を見ながら考えた。

2016年4月××日

成長と、リスク

相撲の世界でいうと、
新入りが幕内になるのはすごく難しい。

だけどみんな努力をして、
幕内力士になろうとする。

幕内力士になると、
今度は小結や大関や、そしていつかは横綱になろう、と夢を見る。

弟子入りしたばかりの力士は、
幕内力士と取り組みすら、させてもらえないけれど、
努力して、勝ち星を重ねると幕内力士になる。

増田も、脱サラをして、
TSUTAYAのフランチャイズを拡げ、
Tカードのアライアンス企業を開拓して、
幕内力士になったのかもしれない。

さらに、
NHKに出たり、
枚方T-SITEを作ったり、
海外からのインバウンドを増やす為に、
Airbnbの日本での展開を手伝ったり、
世界のスポーツメーカーアシックスさんとの仕事をするに及び、
大関や横綱クラスとの取り組みを、始めたということかもしれない。

どんな仕事にも、競争相手は付き物だけれど、
仕事の内容や、大きさによって、競合する会社も違ってくる。

近所のレンタル店と戦っていた頃、
FC本部として、他の大手チェーンと競争していた頃、
本屋さんとして、
そして、商業施設として。
データベースを使った販促企画や、商品企画、
そして店舗の企画など、仕事の中身も
どんどん変わってきている。

同時にお客さんも、変わってきたけれど、
「競合企業」も変わってきて、
どんどん相手のチカラが大きくなってきていることを、
実感する今日この頃。

成長出来ることは嬉しいけれど、
同時に、大きな相手と戦わざるをえない、
リスクを抱えている。

逃げるか、戦うか。

もちろん、成長するためには、戦うしかない。

2016年6月××日

会社の成長戦略

同じことを繰り返すことでは、
成長はできない。

会社も、人間と同じように、
年を経て成長すべきものだと思う。

なぜならば、社員が年を重ねるのに
給料がずっと同じでいいわけはないし、
できることが限られた人間で、一生を終えては
もったいないと思うから。

つまり、
成長とは、人間や会社の「自然体」。

成長の結果は、売上として表れる。
売上は「結果」なので、
「原因」を作ることなく、単に売上を上げよう、と思うことは、
間違っているけれど、
結果として、売上や利益は大きくならないといけない。
利益が大きくなることは、自由の拡大を意味するし。

TSUTAYAは、
映画や音楽やゲームを通じて
若者に、生活提案するプラットフォームとして、
1983年に大阪の枚方で生まれた。

そのTSUTAYAを、江坂や、東京や、鹿児島や、
青森や、四国や北海道などに、
FC展開することで、成長してきた。

人口構成の変化に併せ、
プレミアエイジにも楽しんでもらえる書店として、
2011年に代官山に蔦屋書店を作った。

その蔦屋書店も、函館や湘南、京都など、
7店舗を数えるまでになった。

また、TSUTAYAの会員証を、TSUTAYAだけに閉じず、
オープンな認証のためのカードとして、「Tカード」を企画し、
どこでも貯まる共通ポイントとしての
「Tポイント」を企画し、普及し、
今や、6000万人もの人に利用してもらっている。

また、今年は人口減少する日本でのビジネスを
活性化するために、インバウンドに着目し、
Airbnbと提携し、

来年には、インバウンドのお客さん向けの
蔦屋書店も計画している。

その過程で、
直営事業のことしかわからない人間が、
FCというものを勉強したり、
大型の商業施設の企画をしたり、
新しいカードの仕組みを、大手企業に営業したり、
英語もできないのに、外国の企業に企画を提案したり、
まさにできないことばかりやってきた。

できないことへのチャレンジは、
社員の成長を生み、結果として、会社も成長する。

売上や利益を大きくしようとするのではなく、
より多くのお客さんに新しい企画を提供する企画会社として、
普通に努力すれば、会社は成長していく。

安定収入に胡座をかいて、毎日同じ仕事で終始するのではなく、

もっと、新しい仕事にチャレンジし、仕事を楽しむことで、
会社や個人は成長すると思った、今朝のCCCの取締役会。

その実現のために、
経営陣のやることもどんどん増えていく。

2016年8月××日

第 2 章

組織論

7人乗りのボート

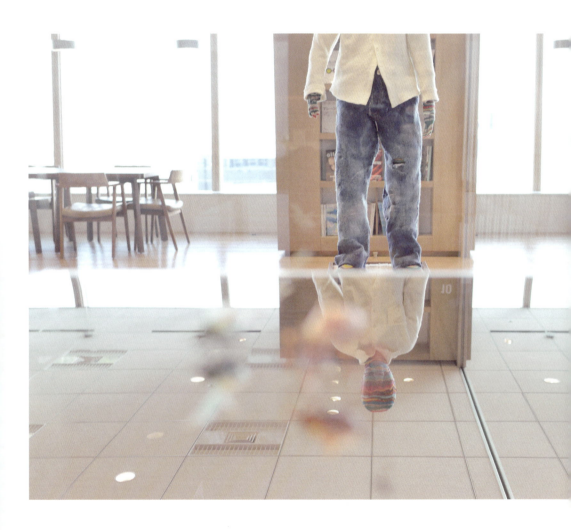

「レガッタ」という競技用のボート(5人乗り)があります。

4人が漕ぎ手で、左右二人ずつオールを持って、
4人の漕ぎ手のリズムを合わせるために、
船尾の1人が声をかけます。
その1人は、漕がないので、
ボートの抵抗を増やしてしまうが、
4人の漕ぎ手のリズムが揃うことで、
かえってスピードが増します。

組織に例えると、
稼ぎ手のラインとスタッフも含め
非常に効率のいい組織と言えます。

そこに6人目、7人目がボートに乗ってきて、
天体観測をして明日の天気を予測したり、
もう1人は水質検査をして
ボートと水の摩擦を少なくする工夫をしたりします。

ところが、彼ら二人の体重は、
彼ら二人の研究成果によるスピード増を生みません。
よって、ボートは遅くなるので、
彼らはボートから降ろされます。

しかし、大きな組織では、
ボートが遅くなっていることが実感出来ず、
水質検査をするという大義名分や、
明日の天気を予測するという大義名分で
6、7人目の人の増員が認められていってしまいます。

そういう仕事は、ボートの上でなく、
陸上のどこかの研究所でやってもらって、
その成果をボートは取り込めば良いのに、
早く走ろうと思わない組織のリーダーの下では、
研究好きな人たちのお陰で
どんどんそういう人たちが増えていきます。

そのうち、漕ぎ手が疲れて
ボートも重みで沈んでしまいます。
こういう風景を増田はいろんな会社で見て来て、
増田はそんな大企業には絶対ならないぞと
心に決めて経営をして来ました。

だから小集団活動がいいと創業時から
事業単位に分社化を進め、
たくさんの子会社を作りました。
そうすることで、会社のコストや利益が
みんなに分かり良くなると思ったからです。

そんなことを思い出しながら、
今朝の経営会議の報告を聞いていました。
CCCグループは、
「新しい歴史をまた生み出すタイミング」に来ているなと。

小さな効率のいいボートの集団も小さな川で、
ぶつかり合ったり、オールが絡まったりしているかもしれないと。

2007年3月××日

成長の副作用
～ピーターの出現

ピーターの法則とは、
1969年にローレンス・J・ピーターという人が唱えた
人間の成長にかかわる法則。

人は、ある分野ですごく優秀だと認められて、
次のステージに上がることが多い。
だけど、おいしい料理を作れるシェフが、
レストランの経営をできるとは限らないし、
優秀な営業マンに、営業部長として
部下を率いるリーダーシップがあるとは限らない。

ローレンス・J・ピーターは、
そういうあるポジションで、
ものすごく輝くような業績をあげた人が、
次のステージで更に期待された時に
まったく「無能化」してしまう法則を見出した。

できないことにチャレンジする、
という意思があった場合には、
できないことについて、できる方法を必死で考えるけれど、
誰かに命令されてポジションが変わったりした場合は、
本人もできると思うし、周りの期待も高く、
うまくいかなかったときに突破するエネルギーが
生まれにくい。

なぜうまくいかないのだろうと悩むばかり。
こんなはずじゃないと、プライドも高く。

一方、自分でチャレンジする人は、
周りからの期待もないし、
自分で選んだ道なので、
うまくいかないことを前提にがんばる。

増田があらゆる場面で「主体性」といってきたのは、
自分で決めることの重要性。

「好きで、一緒で、楽しんで」という言葉の裏には、
人のせいにしない、自ら考え自らチャレンジする、
という前提や美学がある。

自らリスクをはらない人に、
楽しみもないし、成長もない。

そして、ピーターが言っている「無能の人」になる可能性も高くなる。

2013年10月××日

考える集団と、
考えない集団

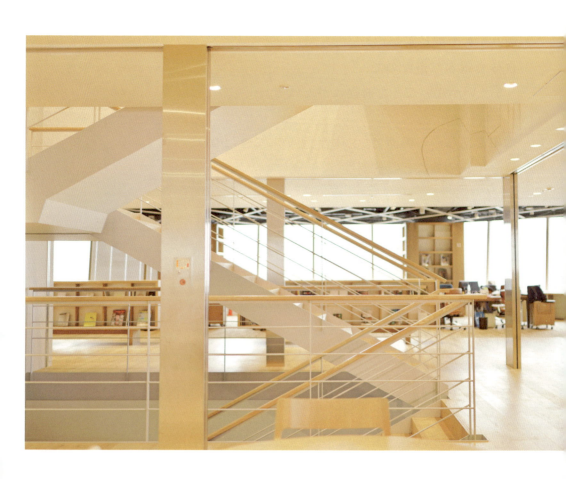

創業以来、増田は、
組織についての「ヴィジョン」を聞かれた時には、
いつも、
「無線でネットワークされた個人タクシーの集団」
と答えて来た。

大きなタクシー会社を作るつもりは無いと。

理由は、
CCCのゴールは世界一の企画会社で、
規模の大きな会社を作ることがゴールではないから。

つまり、「考える組織」がゴール。
考えなくても、生きていける組織は、
CCCの目指すゴールじゃない。
大きなタクシー会社の運転手さんに比べ、
個人タクシーの運転手さんは「考える」ことが圧倒的に多い。

大きなタクシー会社に勤めていたら、
数日体調を崩しても、給料はもらえるけれど、
個人タクシーは、そうはいかない。
だから、人一倍健康には気を遣うし、

タクシー会社の運転手さんは、
転職も自由だが、
個人タクシーの運転手さんは、
事業に投資した資金の回収も必要で
簡単に、転職も出来ない。

そんな、考える集団100人と、
考えない1000人の集団が戦った場合、
どっちが勝つだろうか?

考える集団の実現を、
考えるのが好きな人を集めるのではなく、
考えないといけない立場に身を置くことで実現して来た。

儲かる事業は、事業パートナーにお願いし、
CCCは企画をする企画会社だと宣言しながら。
企画会社は、企画をする会社だと。

だけど、企画した事業が評価され、
会社が大きくなって、安定収入が増えると、
人はどうしても、考えなくなる。

世界一の企画会社の実現が危ない!!と思う今日この頃。

2014年8月××日

人を動かす

部下を持ったら、
まず読むべき本のひとつに数えられる
アメリカのデール・カーネギーさんが書いた名著。

道に横たわった牛が、通行の妨げになると、
ある人は、思い切り綱を引っ張る。
でも、引っ張っても牛は動かない。

それを見ていたある人は、
牛の好物を、鼻先にちらつかせ、
牛をどかした。

つまり、人を動かす、というのは
このような知識や技術がいる、
というようなことが書いてある。

増田も若かりし頃に
この本を読んで、なるほどと思ったし、
人は命令では動かない、ということを悟った本。

だけど、
動かされている人は、逆に言うと、
いないことにも、その後気づいた。

古代文字の書道家に頼んで書いてもらった
「無我夢中」という言葉。

青葉台のゲストハウスに今も飾っている。

この言葉の意味は、
夢の中にいたら、我（エゴ）がなくなる。
つまり、人の存在そのものはエゴ、
自分中心だけれど、
何か、人と力を合わせ、「夢」を
達成しようと思えば、
自分のエゴを人間はコントロールする、できる、
という意味だと教わった。

2009年のWBC（ワールド・ベースボール・クラシック）で、
あの自分中心?なイチローですら、
アメリカで苦労し、なんとかアメリカのチームに勝とう、
そして世界一になろう、と、「夢」を持った瞬間、
自分のエゴを捨て、
朝一番に球場に来て練習をし、
また若手選手にいろいろ、
アメリカチームとの戦い方を教えたらしい。

人は命令ではなく、
夢によって動くものだということを知り、
夢の重要性を説いている、と思って、
わざわざ書いてもらった。

つまり、リーダーは、
人をまとめたり、動かす力を
持たなければいけないけれど、
技術量もさることながら、
その集団が持つべき夢を描く力がもっと重要だと。

「世界一の企画会社」、
それがCCCを始めてからの夢。

2014年9月××日

銀行強盗と、報酬制度

人は、生活のために仕事をする。
場合によっては、コソ泥も1人で、
他人の家の財産を盗んで生活の糧にする!?
だけど、銀行強盗は1人ではできない。

運転する人、
銀行の図面を入手する人
セキュリティを外す人、
見張りをする人、
金塊を運ぶ人、
金塊をお金に換える人など、
専門職の集団。

つまり、仲間を募ってやるのが銀行強盗。

「カンパニー」の語源は、仲間。
会社も、1人でできないことを集団でやっている。
だから、カンパニー。

そこでリーダーが果たすべき役割は、
どの銀行を狙うか、という「戦略」の立案と、
仲間を集めるリクルーティングと、
成功した時の「利益の分配」。

利益の分配を単純に人数で割ると、必ず文句が出る。
だから、みんなが納得する
それぞれの役割や貢献に応じた報酬にしないと、
リーダーは次のプロジェクトに人を集められない。

つまり、人を集められる力量は、収益分配能力。

だけど、上場会社など、出来上がった会社では、
報酬制度というものが存在し、
報酬を簡単に決められる仕組みが
出来上がってしまっている。

もっといえば、リーダーは、
その報酬制度に乗っかって評価するだけ。
能力や成果に応じた収益の分配をしていない。
報酬を分配するという、
リーダーとして最も大事な役割を果たしていない。

だから、みんな独立して会社を始める。
だから大企業は成長しないし、変革も出来ない?

CCCは今年から、アメーバ経営を導入し
ヒューマンスケールのベンチャー企業のように、
一人一人の仕事や成果によって、報酬が違う会社を目指している。
会社や事業によって事情は違うけれど、
個別にやると不平等が起こるから、不平等のないように、
報酬委員会を開催し、経営陣が議論しながら
新しい報酬の考え方を企画している。
企画会社として、自慢出来る報酬制度を創ろうと。

2015年8月××日

組織が元気になる
4つの要素／

明確な目標編

増田は、創業後もいろんなコンサルタントに、
会社の経営について、指導を仰いできた。
船井総合研究所の平川さんも
その中の一人。

そこで、組織が元気になるには、
4つの要素が必要だと教わった。

1）明確な目標
2）単純な組織
3）衆知結集
4）信賞必罰

明確な目標については、
最近本当に必要だな、と思うことが多い。
CCCは、単一事業の会社ではなく、
複数の事業を企画・展開し、
企業数もグループ全体で今や、70社の規模になり
社員数も3500人のグループに成長させてもらった。

そもそも企画によって世の中に貢献する、
という理念は、創業以来変わっていないし、
世界一の企画会社になるという目標も変えていない。

だけど、理念的な目標だけでは、
人をモチベートしたり、評価したりできない。
そこで、チームごと、あるいは事業ごと、あるいは会社ごとに、
今年の目標を決めて頑張るようにやってきた。

2011年に、MBOで借り入れした
1000億円の借入金について、
今年度中に、300億円(ネットデット)を切るという目標を掲げた。
理由は
CCCグループ全体では、ここ数年
年間で生み出すキャッシュが200億円を超え、
300億円を切るようになれれば
実質無借金の状態になれると思ったから。

個人的には、
12月にあるホノルルマラソンを6時間台で走れる体をつくろうと、
トレーニングをしている。
体重もできれば、72キロを切りたいと考えている。
そうすることで、食べる食事や、
トレーニングの運動にも力が入る。

事業ごとにも、チームごとにも、個人別にも、
「明確な目標」があれば、
やる気もでるし、評価もし易い。

明確な目標があれば、
それに応じた報酬も請求しやすいし
評価する側も、インセンティブを出しやすい。

信賞必罰を実現するにも、
この明確な目標が必要。

元気な組織には、実は理由がある。

2015年8月××日

組織が元気になる
4つの要素／

単純な組織編

人は、いいことを知ると
誰かに伝えたくなる。

人は、相談事ができると
誰かに相談したくなる。

つまり、情報の流れは、
「誰か」、がキーポイント。

組織の情報の流れも同じで、
誰に伝え、誰に相談すべきか、
が明確だと情報の流れはスムーズ。

誰に伝えたらいいか、
誰に相談したらいいかが曖昧だと、
情報の流れは滞留する。

人数の多少は関係なく、
集団や組織は、それぞれの役割が明確で、
組織は単純な方が、情報は滞留しない。
情報は、血液と一緒で
滞ると体にとって良くない。
体の大小より、血流のスピードが重要。

社長室（広報）は、今6人しかいない。
社員数3500人を擁するグループの
社長室としては異例に少人数。

だけど、少人数にしたことで、
社員1人1人の役割やミッションが明確になり、
どの情報は誰に伝えたらいいか、
問題が起こった時に誰に相談したらいいかは明確だし、
安心して情報を共有できる。

人数が増えると、仕事の分担が進み、
誰に何を伝え、誰に何を相談したらいいかが見えにくくなる。

だから、少人数にするか、単純な組織にする必要がある。

今年、CCCグループは、
アメーバ経営を方針として取り入れたし、
任されたリーダーには、
チームメンバーを少数精鋭、単純な組織を目指して欲しい。

2015年9月××日

組織が元気になる4つの要素／

信賞必罰編

軽井沢の合宿で誰かが、
「人は、誰かに褒められたい動物だ」と言っていた。

一方で、人は生活の糧を得るために仕事をする。
あるいは、
人によっては、仕事は自己実現のためのステップ。

だから、信賞必罰の中身は人によって異なる。

生活のために仕事をしている人には、報酬が重要な要素だし、
チームの中で認めてほしい、という気持ちが強い人には、
お金というより、評価が重要な要素になるし、

自己実現を仕事に求めている人は、
その立場や権限が、重要な要素になる。

いずれにせよ、
人はきちんと評価されたいし、
仕事に応じた報酬をもらうべき。

その為にも、1人ひとりの仕事のミッションが明確に
されないといけないし、
報酬についても、

その人が稼いだ利益に連動していないといけないと思う。

早い、遅い、上手、下手より、
コミットした内容が達成されたか、されていないか?、
どのくらい約束した数字とギャップがあるのかが
わからないと、評価のしようがない。

つまり、信賞必罰は、
仕事の整理と、コミットの数字が
一人ひとりにないと実現が不可能。

元気な組織を作るためには
チームを構成している一人ひとりの役割が明確で(単純な組織)、
コミットする数字も明確(明確な目標)、
と、それらを実現するための
チームワーク(衆知結集)があってこそ実現できる。

何かが欠けても、
元気な組織やチームは作れない。
チームメンバーが、リーダーを信頼し
リーダーが、チームを信頼すると同時に、
この4つの要素が絶対条件。

そして何より、それらを作る能力より、
みんなを元気にしようとする執念がもっと大事。
つまり、元気なチームの実現も、
「求めよ、さらば与えられん」ということなんだと。

2015年9月××日

ラグビー
ワールドカップでの、

日本の活躍で
見えたこと

決勝トーナメントに進出できないことがわかった時に、
エディ・ジョーンズヘッドコーチが発した一言。
「3勝もしたのに、決勝トーナメントに行けない、
史上初めてのチームになる」
と、最終のアメリカ戦の前に。

優勝候補の南アフリカに勝ち、
その後サモアにも勝った日本代表チーム。
だけど、最終戦のアメリカ戦に勝っても、
決勝トーナメントに行けない、という
悩ましい状況の時に、
リーダーとして、歴史に名を刻もうと
明確な目標を掲げたそのリーダーシップに感銘を受けた。

また、五郎丸選手の発言。
「日本のジャージを来て、頑張る外国の選手を、
応援してやってほしい」
と、チームメートへの賛美を平等に、にも。

そして何より、
増田が感動したのは、
控えの選手も入れたチーム全員が、
ひとつになっていたこと。

CCCも、事業分野が違ったり、
スタッフと現場という立場が違ったり、
なかなか互いのことが理解しあえず、
孤立した活動に終始することが多い。

ラグビーというスポーツも、
フォワードとバックスで、それぞれ仕事が違い、
更にそれをつなぐハーフバックスというように、
役割もそれぞれ違う。

その役割や立場や体つきの違う15人が
あたかも、イワシの群れの如く、
1つの生命体として動く様に、
心が1つになっている、と本当に思った。

ここで自分が頑張らないと、
周りに迷惑をかけるとフォワードが頑張り、
きっとボールが出てくると信じて走り込むバックス。
それをまたサポートするフォワード。
スピードはその信頼感から生まれている。

いくら足の速い選手でも、
ボールをもらえる、と思わなければ、一生懸命走らないし、
仲間のため、と思わなければ、疲れたら歩いてしまう。
そんな動きが全くないチームが、
体格や経験で上回る強豪チームに勝てたのは、この1点。
つまり、「日本のスタイル」だったと思う。

CCCグループも、
彼らを見習って、ひとつのチームになれるように
もっと精進しなくては、と反省しきり。
まだまだCCCグループには、
もっといいチームにできるポテンシャルがあると。

2015年10月××日

会社のトップに
必要なものは？

64才にもなると、後継者を誰にすべきか、
また、次の社長は決めているんですか?と聞かれることが多い。

そんな時、
リーダーに必要な資質や能力はなんだろう?と考える。

チームで仕事をしていると、
すごく有能な営業マンがいたり、
すごく優秀なプロデューサーがいたり
すごく優秀なサポーターがいたりして
チームワークで成果を上げている。

だから、リーダーシップというのは、
自分は何もできなくても、
チームの生産性をあげることが専門の人にも
生まれてくる。
大企業で、よく見かける、
現場のことは知らないけれど経営能力を評価され、
ヘッドハンティングされ、社長をしている人。

日本ラグビーの監督だった
エディ・ジョーンズのように現場経験もあり、
リーダーシップもあるチームリーダーもいる。

増田が、いい会社のリーダーに共通して
見ることが多いのは、
社員や取引先のことを、体を張って、
必死に守っている社長。

いくら優秀でも、社員を体を張って守らない社長の会社には、
自分の息子を預けたいと思わないし、
取引先を守らないような社長がいる会社とは仕事はしたくない。

つまり、リーダーシップに必要なのは、能力もさることながら、
最後は決意や覚悟、が重要だと。

そういう決意や覚悟が、現場の人を安心させ、
またチームワークが醸成される基盤になる。

逆に優秀であっても、
トップに社員を守るという覚悟がなければ、
社員は自分のことを守ろうとして、チームワークは生まれない。

親分、と呼ばれた人は
逆にその覚悟と決意だけで、リーダーになっているのかもしれない。

その決意や覚悟は、
立場がつくるのか、そもそも人が持って生まれたものなのか。

増田は、自分の経験でいうと、
立場がそれをつくると思う。

昨日会った梅田 蔦屋書店の亀井店長も、
なんだか、いい顔になっていた。

2015年11月××日

第 3 章

企画

カンヌ映画祭と
ケインズ

日本人の河瀬直美さんが、
「殯の森」という映画で、
パルムドールに次ぐグランプリを取ったことで
話題になっている「カンヌ映画祭」ですが、
4年前に、増田もGAGAの藤村くんの案内で、
カンヌ映画祭へ行ったことがあります。

増田の感想は、公開済みの作品から選ばれる
アカデミー賞とは違って、
「ケインズの『価格は需要と供給で決まる』を地で行く、
良く出来た仕組みだなあ」です。

「映画」は、洋画に代表されるように、
アメリカで生まれたもの（発明はかの有名なエジソン）ですが、
当初アメリカ国内でのみ上映されていた映画も、
国外で映画館ができ、
大手映画会社は各国に配給子会社を作って
独自に興行していましたが、
独立系の映画会社も、海外に映画の権利を売るようになりました。

しかし、各国に単独で映画会社が権利を売っていては
効率が悪いのと、
映画会社にとっては「権利を高く売る」ことが
利益を伸ばすことだ、と
昔のハリウッドの人たちは「経費を掛けずに効率よく、
高く売れる仕組み」を考えました。

そのノウハウの集大成が今から約60年前の
1946年から始まったカンヌ映画祭です。

すなわち、「ある期間に、一箇所に世界中の
映画のバイヤーを集め、そこで映画の宣伝をし、
その人たちに競わせることによって、
価格を高く吊り上げることが出来る場」なのです。

増田が驚いたカンヌでの体験は、
ある映画（まだシナリオも無い、
キャスティングとタイトルしかない、
そしていつ完成するかもわからないような）が、
もっともらしくセールスされ、
他社に取られたくない日本の映画会社が
次々とオファーをし、その金額が
毎日上がっていくというものでした。

ある夜に日本の権利が1億円だったアクション映画が、
次の朝には1.2億円に、
そしてその夜には1.5億円に。
そして数日経つと3億円になっていたりする訳です。

日本を含む、世界各国の映画会社のバイヤー
（予算を持っている人）達は、俳優との豪華別荘
（アラブ人が持っている豪華別荘も、
この時期はレンタルに出され、
その料金は一週間でおよそ800万円！）での
個別ディナーはもとより、ヨットでの、豪華食事つきクルーズや、
毎夜砂浜のテントで開かれるダンスパーティーなど
至れり尽くせりの一週間を過ごすことができます。

当然、俳優達もカンヌでの生活は羽目を外す絶好の機会で、

世界の俳優の楽しそうな姿を
間近で見ることが出来るのもカンヌの魅力です。

そして、俳優達はカンヌ映画祭の後、
映画会社が用意した豪華プライベートヨットで
モナコに移動し、F1の「モナコグランプリ」を
ホテルで見学する訳です。

これらすべては、世界中の映画のバイヤーを
集めるための仕掛けです。

ハリウッドの映画会社は、バイヤーを世界中から
集めるために俳優を活用し、俳優を集めるために
映画祭（コンクール）を企画した訳です。

ちなみに増田がタキシードを着て、
レッドカーペットを歩いていたときに、
その前を歩いていたのはニコール・キッドマン！でした。

日本のバイヤーが、映画を一本10億円
（制作費の約10％が日本の価格の相場）で買えば、
すべての経費が回収でき、
日本以外の国に対しても、日本がいくらで買ったかが、
他国のバイヤーへの説得材料になる訳です。

その内、映画会社は映画だけでなく、
ビデオで儲け出しました。
日本では、その市場をレントラックを始め
CCCグループが創った訳だけど。

映画だけではなく、ハリウッドはその収益を拡大するために、
ビデオ関係者もカンヌに招待するようになり、
カンヌ映画祭はますます活況を呈するようになり、
映画と言えばアカデミーとカンヌの2大映画祭と言われるまでに
成長したし、結果、ハリウッドの映画産業は
「アメリカの2大黒字産業」になった(もう一つは航空機産業)。

ユダヤ人が資本主義の中で、
「証券市場」を作ったように、
ハリウッドの人たちは、知的資本である
コンテンツの分野でも「新しい市場」を創った訳です。

そして、結果我々は素敵なハリウッドの映画を
あらゆる媒体(映画やTVやDVDで…)で
楽しむことが出来るようになり、
TSUTAYAもハリウッドの成長と共に成長出来ました。

企画会社として学ぶことの多いカンヌ映画祭です。
来年は是非「遊びに」行きたいものです。
本当はすごい勉強になるんだけど。

4年前に行った時にも事前に参加者名簿をもらったり、
ホテルにもフリーペーパーがあり、
毎日その日に到着したゲスト特集があったり、
ゲストのプライドをうまく刺激したり、本当にすごい…。

2007年6月××日

最近思うこと

「未来は、
　過去の延長線上にはない」
ということ

先週木曜日のランチに、Tポイントの
重要アライアンス先の経営陣の皆さんが来社。

その業種では、世界でNO.1の会社!!

当然、創業以来「成功パターン」を持ち、
売上規模をずっと拡大されてきた。

しかし、ランチを食べながら話したのは、
そのビジネスモデルを変える話。

リアルなビジネスをやっている会社から見ると、
ネットでの顧客の購買行動は、
リアルの小売業とは全く違う。

価格についても、価格.comなどの検索サイトもあり、
中途半端な価格政策は通用しない。

かといって、ネットでの価格で店頭で商品を売れば
店舗では利益が出なくなる。

増田が思うに「店舗では利益が出なくなる」と
考えることそのものが、「過去の成功モデル」に
とらわれていることではないかと。

お客さんは店のために存在するのではなく、
お客さんのために店は存在しているはず。

増田が始めた貸しレコード店も、
レコード店の人から考えると、
そのビジネスモデルは理解できない。
だけど、お客さんは喜んで利用されるし、
お客さんの側から考えると、ありがたい存在。

同じような「変化」がネットの世界では起こっていて、
この流れを変えることはできない。

だから、増田が提案したのは、
過去のビジネスモデルにとらわれないで
お客さんを中心に考え、
価格.comで選ばれるように売るしかないと。
そして、それでも利益がでるような
「新しいビジネスモデル」を創りださないと、
企業は存続できない。

そのビジネスモデルを増田は、
その日に企画し、提案した。

企画会社は、新しいプラットフォームの企画や、
プラットフォーム上の企画を
お金に変えることが仕事だとしたら、

今日提案した新しいビジネスモデルが実現した時に、
CCCにお金が入ってくる。

お客さんにも喜ばれ、
アライアンス先の企業も利益が増え、
そして、CCCもロイヤリティーが
もらえれば最高だと。

だけど、安定収入や既存の事業の利益があると
なかなか顧客の立場に立った
新しいビジネスモデルは企画し難い。

だから、
CCCは世の中から必要とされる、
企画会社にならないといけない、と最近思う。

2010年3月××日

企画力の源泉

今日は、霞ヶ関の官僚の人たちに
今後の住宅の在り方について講演。

増田の普段の生活からは、食や住宅の提案など
できる状態ではない。

だけど、いつも企画はこのように経験も知識もない
状態から生まれている。

図書館の企画も、ペットショップの企画も、
家電店の在り方も。

だから、何ヶ月も前にこのテーマで
講演を引き受けてから、ずっと気が重かった。

だけど、本番が近づくにしたがって、
聴きに来られる方の立場になったり、
住む人の立場になったり、
あるいは、不動産業者の立場にたって
どんな住宅がこれから必要なのかを考えた。

人に会っても、どんな住宅に住みたいのか、
どんな家に住んでいるのか、を手当たり次第に聞いたり、
あらためて自分の住まいを見直したり。

全知全能を使って、新しい住宅の在り方を考えたり。

よくよく考えてみると、住宅を考える立場の人も、
知っていることも多いけれど、知らないことはあるわけで、

結局知らないところに本質があるとするならば、
その知らないことに、どれだけ深く切り込めるかが勝負。

そういう意味で、
増田のように、住宅や食のことを知らなくても、
一生懸命やればきっと勝負ができるはず。

日本の未来や、東京の未来を、
あるいは武雄の未来を考える時に
住宅のイメージも湧いてくる。

今日はそういう、増田にしか見えない風景について
講演をし、絶賛された。

講演を引き受けた時よりも、明らかに日本の住宅の未来が
見えるようになっている自分を発見。

増田が話すストーリーはいつも、
こういう体験から生まれる。

適度に無理な、不可能な講演を引き受けることによって
自分の企画力が高まることを創業以来、経験してきた。

そして今日また企画力が上がったように思う。

つまり、企画力の源泉は
できないことを引き受ける勇気かもしれない。

2013年11月××日

すぐ、って増田が言う訳

増田が、いろんな報告書や、企画書を
「すぐに出せ!」という意味。

プログラムが入っていないコンピュータや
データの入っていないコンピュータを

いくら電圧を上げても、時間をかけても
アウトプットは変わらない。
人もパソコンと同じで

一生懸命考えたり、報告までの時間を長く確保しても、
結局アウトプットは変わらない。

だからとりあえず、「すぐに」、
アウトプットしろと要求。
アウトプットがあれば、
データや違うプログラムを持ってる人から
アドバイスをもらえる機会が増える。
そういうアドバイスを付加すると「いい企画」ができる。
だけど普通の人は、自分がよく思われたいから、

特に上位者には、「評価されたい」から、
自分1人で良い企画を出そうとする。

だけど、それは
いい企画を創るプロセスから考えると
全く時間の無駄。
だから、企画の質は、
いかにみんなから情報をもらうことを知っているかに比例する。
自分のデータや、自分のプログラムなんてたかがしれている、
と謙虚さを持つこと。
だから増田はいつも、自分のアイディアを紙に描いて、
人の意見を聞く。

これを続けていたら、
紙に頭で考えていることを描く事も、話すことも、
パワーポイントを作ることも、知らない間に上手になったみたいだ。

2014年3月××日

Tカードの営業で

増田が受けた
単純な質問

先日、Tカードの営業で会った人から質問された。
「生活提案、って一言でいうと、どういうことですか?
いろんな人に聞いているけれど、わからないので、
教えて欲しい」と。

増田は即座に
「元気の出る生活イメージを見せることです」
と答えた。
「生活」とは、増田にとっては「ライフスタイル」のことで、
「ライフスタイル」とは、和訳すると「文化」のこと。
例えば、江戸文化と言えば、
江戸時代に、人がどんなところに住んでいた、とか
どんな着物を着ていた、とか
どんな食器で、どんなものを食べていた、とか
あるいは、夫婦生活など、当時の「生活様式」全体のことを
江戸文化というと思う。

現在でも、
人はそれぞれに自分の生活様式を持っている。

増田にも住んでいる家はあるし、
好きなクルマや、好きなインテリアや、好きなファッション…。
それが増田のスタイル。

貧しい時代は、その生活様式が多様化しておらず、
比較的ワンパターンだったけれど、

豊かな現代社会では、そのスタイルが高度化、多様化し、
結果として、「細分化」されている。
だから、昔言っていた生活提案と、
これからの社会での生活提案は、手法が違う。
つまり、TVや雑誌などで多くの人に、
ある種のスタイルを提案する時代から、
多様化した人それぞれに、
one to oneで適切なライフスタイルを
提案しないといけない時代になった。
TVや雑誌の広告収入が減る理由は
そういう流れの結果。
人それぞれのライフスタイルの種類や方向性やレベルが
わからないと、効果的な提案は出来ない。

だからDBが必要で、
毛谷村くんたちデータベースマーケティング研究所の人たちが
人それぞれの生活様式について、
何かしらの基準を作ろうとがんばってくれている。

そんな話を、質問した人に説明したら、
それこそが、自分たちが求めていた解決策だ、
と高い評価をもらって、驚いた。
CCCでは普通になっている考え方なんで。

2014年3月××日

企画の真髄

企画の本質は、
顧客価値と、
収益性と、
社員の成長と、
社会貢献の
4つの要素を、マッチさせること。

お客さんが満足することと、収益性とは、
一見、反比例するようだが、そんなことはない。
おいしいラーメンを作れれば、
そのラーメン屋さんには、行列ができる。

お客さんは、少し待たされるけど、
おいしいラーメンを食べられ（顧客満足）、
行列するお客さんに、ラーメンを提供し続ければ
結果としてお金が残る。
利益の源泉が、「お客さんにある」
というのはこういうことだと思う。

行列に並ぶお客さんに、
ラーメンをいかに早く出すか、
というテーマをこなした社員は成長する。
暇なラーメン屋さんの社員は、
仕事もなく、成長の機会を逸する。
だから、企画の真髄は、
お客さんに喜んでもらえることをつくること（企画すること）。

増田は、別に才能があるわけでも無いが、
ひたすら、お客さんの立場に立って、
お客さんの気分になれるように努力して、
そして、お客さんの欲しいものを探したり、
創ったりしているだけ。
二子玉川のプロジェクトでは、
平日の朝、どんな人が来るのか?
平日の午後は?
平日の夕方は?
あるいは日曜の朝は?
日曜の午前中、
日曜日の午後、
日曜日の夜中に、
どんな人が来るのか、をイメージするために、
朝早く、二子玉川に行ったり、
昨日も夜、二子玉川まで走っていき、
周辺の住宅街を
ぐるぐる歩いてまわったり。

歩き回る時も、
自分が20代の女性の気分で歩いたり、
大学生の気分で歩いたり、
お年寄りの女性の気分で歩いたり。

歩いている中で、
新しいお店に、お客さんは何を期待するだろうか?
あるいは、今企画している内容の、
どの部分に魅力を感じてもらえるのかを
イメージしながら、ひたすら歩き回る。

若い女性の気分で、学生気分で
年配のお金持ちの気分で。。。。

要は、そのお店に
行きたくなるか、行きたくならないか、
あるいは、

どの道を通って?
どの風景を見て?
蔦屋書店に入りたくなるか?
とか、ならないか?、とか。
そういうことを、事前に突き詰めておければ、
オープンしてから、結果がどうあれ、
ジタバタしなくて済むし、
お客さんは、間違いなく評価してくれる。

つまり、お店の売上は、
努力で創造することなんだと。
才能だけでは、お店の売上は創れないと。

2014年5月××日

増田が二子玉川まで走る訳

先日、出版社の取材で、
「増田の企画の仕方」について、質問があったときに、
二子玉川まで走る話をした。

江坂店を作るときにも、

枚方から江坂まで、よく自転車で行ったりしたけど、
その理由を聞かれた。

増田の答えは、
車で走るより、一歩一歩歩道に足を進め、
道行く人とすれ違ったり
繁盛しているお店のお客さんの顔を見たり、
全くお客さんの入らないお店の理由を考えたり。

もっと言えば、
毎日会議やメールでもらう情報や、企画の内容について、
実際に街並を見ながら、
頭の中でシミュレーションする。

情報が可視化されたり、
見た風景が情報化されたり。

結果、企画がより具体的になり、
数値まで見えて来る。

能力ではなく、努力。
情報はインプットしただけではただの情報。
その情報をいかに企画まで昇華させるかが、
企画のポイント。

しかも、こんなことは誰にでも出来ると。

取材の女性はフムフムとうなづいていたけれど、
本当は、CCCデザインの若手などに聞かせたかった話。

企画とは、考えて生み出すものではなく、
経験から生まれる気持ちや、

新しく知った情報と、
何より、
自分の執念から生まれるものだと思う今日この頃。

2014年5月××日

森、木、葉っぱ

忙中閑なし、の状態なのに、
今晩22時過ぎのエールフランス機で、
羽田空港からイタリアに。

人は、モノをつくる時に、
まず、森を見る。
そして、木を見、
そして、葉っぱを見、
そのうち、
葉っぱのホコリまで気にするようになる。

よくある喩え話で、
教会を作るためにレンガを積んでいる職人に、
ある人が「何をしているの?」と質問をしたら、

Aという職人は、
「レンガを積んでいます」、と答え、

Bという職人は、
「教会をつくるために、レンガを積んでいます」、と答え、

Cという職人は、
「世界平和のために必要な教会をつくるために、
レンガを積んでいます」、と答える。
見た目は全部、レンガを積んでいる
職人の風景でしかないけれど、
職人の意識は、それぞれ違う。

同じように、
店をつくるときも、
「何のために」つくるのか、ということが、
ボケているといいお店はできない。

二子玉川店は、かなり細かな部分まで、
増田は関与しているので、
どうしても、葉っぱのホコリに目がいく。

そういう時、いつも増田は、
どんなに忙しくても、現場を離れる。
今回のイタリア行きも、
世の中の変化や、今一度お客さんの気分になって
二子玉川のおかれているお店の全体像や、ミッションなどを、
見直せれば、と思っている。

イタリアのワイナリーで美味しいワインでも飲んで、
物思いにふけりたい。

そういえば、週末、ASOのテラスで
物思いにふける時間がなくなっているなぁ…。

2014年6月××日

プレゼン準備

増田がお客さんに営業に行って、
プレゼンテーションをする際の準備は、
まず、社長室の石倉くんに「原案」をつくってもらう。

初めてのお客さんや、企画の場合は、
増田が何を伝えたいか、
ブレストでキーワードを伝え、
定番の営業の時には
何も言わなくても、石倉くんが、
基本的な資料を作ってくれる。

そのたたき台が良ければ、
全スライドをハードコピーしてもらい、
お客さんの立場で、その資料を眺めてみる。
くどいところは削除をし、
わかりにくいところは、
わかりやすいように加工してもらう。

いちばん大事なことは、
ひと通りできたプレゼンテーション資料を前に、
一度目を閉じて、
何を伝えたいのか、を思い出し、
お客さんになりきって、お客さんの気分で
もう一度どういう風に伝わるのかをチェックすること。

そして、
お客さんが一番興奮する説明の流れや、
プレゼンテーションの時間の長さ、などを
イメージしながら、最終調整をする。

ここでは、こういう質問が来る、とか、
ここで、休憩を入れないといけない、とか、
まるで、会ってもいない人とのやり取りが見えて、
会わずとも答えが見えるくらいまで集中して、
シミュレーションする。

何度も何度も、出来上がったパワーポイントのページをめくり、
お客さんの気付きや気分を
自分の中から引き出す。

その感じを覚え、実際にお客さんの前に立つ。

その時にはもう、相手の気分が手に取るように
わかっている自分がいる。

話す内容も、パワーポイントも、
全て頭に入っているので、
クリックするだけで、
どんなページが出てくるか、

どんなことを言わなきゃいけないか、が
意識せずにできる。
自分の意識はひたすら、相手の受け取り方に
集中している。

わかっていない、ということが
すぐにわかるし、
すごい!って思ってもらっていることが、
手に取るようにわかると、

さらに、次に言うべき言葉もクリアになる。

そして、どんどんエスカレートしたまま、
時間が終わる。

増田のプレゼンは、
パワーポイントを説明するのではなく、
伝えたいメッセージを、
完璧に伝えることだけに集中する。
決まった方法ではなく、
すべての方法を用いて伝えきる。

そういうプレゼンテーションを、
みんなができるようになったら
すごい会社になれると思う。

しかも、難しいことは何もない。
やろうと思った人は必ずできるはず。

「世界一の企画会社」は
間違いなく実現する。

2014年6月××日

誰も知らない
増田の企画手法

代官山の物件を取得して、
どんなものを創るか考えていた時に、
まず、お客さんの気分になろうと、
パーソナルトレーナーの人と一緒に
ぐるぐるぐるぐる、物件の周辺を走り回った。
毎週、毎週。
しかも、曜日や時間を変えて。

人間は、散歩したり、ジョギングをしながら
アイデアが出る、ということを
とある脳学者が実験し、結果をテレビで
発表していた。

確かに、会議室で考えるより、
物件を見ながら考えた方が
イマジネーションは広がるし、
特に、住宅街を走ったり
競合店を見ると、
更にイメージやアイデアがわいてくる。

ある時から、思いついたことを

ケータイでメモにしてもらい、
増田のPCに送ってもらうようにした。
それから、間もなく
気になる風景や気になるお店などを
ケータイのカメラで撮影してもらうことに。

昨日も、二子玉川に走って行き、
いろんな写真をトレーナーの人に、送ってもらった。
昨日は、
「二子玉川の週末は、ほとんど子連れ」というテーマ。

それらのメールから更に、
アイデアを付加し、関係者に送ったり、
ケータイで撮った写真を
社長室のスタッフにPPTにしてもらい、
企画書の素材として使っている。
送ってもらったメールは、
一週間にすると、100近くもあり、
増田の企画力の源泉になっている。

みんなの知らない増田の企画手法。

ブログの原稿すら、
思いついた時に、走りながら打ってもらっている。

とほほ。

2014年9月××日

人を動かす 2

TSUTAYA事業に関して、
増田がうるさく言ってきたこと。

新しくお店をつくるときは、
事務所からつくれ、と。

売場は、商売として、何も言わなくても、
みんなが一生懸命つくる。

だいたい工事が遅れて、
商品の搬入と、修正工事でごった返し、
そんな中で売場づくりをしないといけない。

事務所に行くと、
商品や伝票や掃除用具や工事のゴミや、
そんなこんなで足の踏み場もない。

そんな経験を何度もして、
増田はどんなことがあろうと、
事務所からきちんと作り、
オープンの手伝いに来てくれる人たちが動きやすいように、
毎日のスケジュールや、組織図を
いつも事務所に貼りだしていた。

開店作業に必要な掃除用具や、
電話やコピーや備品類も、
オープンした時の状態に、
一番最初に、事務所から作って、
みんなが働きやすい環境を整えた。

会社のオフィスでも、コピー用紙や、
備品類がどこにあるかわかるように、
担当者を決め、みんなが働きやすいオフィスを目指した。

企画をするオフィスで必要な、
書籍や雑誌も、「定物定位置」を心がけ、
しかも、棚別に担当者を決め、
みんながお互いに気持よく働けることを目指した。
これは、全体を動かすことができる
リーダーにしかできない仕事。

実際にやるのはみんなだけれど、
ゴールを決めたり、その役割分担を決めたりするのは、
リーダーの仕事。

そういう風に気持よく仕事ができる環境を
最低限用意しないと、
人は気持ちよく働けない。
もっと仕事をして欲しい、と思う前に、
リーダーとして、やるべきことをやらないと
人は動いてくれない。

夢だけでは、夢は実現しない。

2014年9月××日

需要創造

今日、とある会社の社長就任パーティで、
日本の経済界を代表する経営者と立ち話。

悪い時期に社長になったなぁ・・・と。
なぜか?と聞くと

これから10年くらい、
世界的不況になるからだと。

原因は、
今まで、世界中で工場を作ったり、お店を作ったり、
IT革新や、eコマースの普及など
供給ばかり強化してきたが、
需要がそれに追いつかない。
つまり、モノ余り、店余りで、売り上げが伸びない状況が、
さらに深刻化する、と。

しかも、日本の大企業は、その売上を、

海外に依存しているので、
国内だけがよくなっても、
会社の業績は良くならない、と。

CCCは、
売上のほとんどは国内のもので、
そういう意味では、世界不況の影響をもろには受けない。
世界的に進む格差社会や、
コンテンツの無償化の影響は受けるものの、
創業以来掲げてきた、「生活提案」とは、
供給力の強化ではなく
生活提案による需要創造。

つまり、こんな家に住みたい、とか、
こんな生き方をしたい、とか、
こんなところに行きたい、とか、
子供を電動自転車に乗せたい、という
Wantsを生み出すこと、

つまり、「需要」を作り出す仕事。

だから、今、蔦屋書店やT-SITEに、
これほど多くの出店要請が来ているのかもしれない。

これから続く、世界不況の10年を
「生活提案」で乗り切らないといけない、
と思った貴重な立ち話。

2014年10月××日

先入観との

戦い

本屋の本をカフェでタダ読み出来たらいいな、
と、BOOK&CAFEを考えた。
だけど、作った当初は、
本屋の本をカフェに持ち込んで、座って読んでいい、
などと誰も思わない。
だけど、代官山では、今やそれが当たり前に。

今朝、湘南T-SITEのオープンで、その中のスターバックスに行った。
作った人間は、お客さんは、
みんな本をスタバに持ち込んで読むと思い込んでいる。
だけど、湘南のお客様は、そんな体験は無く、
誰も本を持ってスタバに行かない。
このお客さんの思い込みを変える戦いが始まる。

また、湘南のBOOK&CAFEの部分のオープンは、
朝7時からだけど、
湘南のお客さんは、
朝7時から本屋が開いているとは、誰も思っていない。
今朝も10時になって、ようやくお客さんが来られ始めた。
本屋は10時から、という思い込みとの戦いも始まる。

CCCでも、「会社とはこういうものだ」とか、
「仕事はこういうものだ」、という思い込みが、
世界一の企画会社の実現のための障害になっている。
つまり、イノベーションとは、思い込みとの戦いに他ならないし、
新しい常識を生み出す作業なのだと、
新しい店を見ながら考えた。

2014年12月××日

その場で
1年後の企画をする訳

先週は、年に1度のイベントが2つあった。
TSUTAYAのオーナーカンファレンス(TOC)と、
Tポイントのエリアアライアンス代理店のカンファレンス。

増田は担当者にいつも、会が終わると、
反省と同時に、来年の企画を当日中に、
すぐに終わらせるように指導している。

理由は、
実際に1日イベントをしていると、お客さんの反応を見れるし、
いろんな反省や、アイデアもその場で生まれるから。

ミスしたことは、来年ミスしないように、
良かったことは、来年更にバージョンアップしてやろう、と
いろんなアイデアや具体的なアクションが浮かんでくる。

企画は、情報の組み合わせの産物だとしたら、
情報が最も多い当日に、来年の企画をすることが正しいはず。
また、1年経ってから、何をしようと考えるより、
今の時点で何をすべきか考えた方が企画の質は上がる。

増田は、会が終わるとすぐに全ての感想文に目を通し、
気づきをエクセルに入力し、分類し、
来年の企画をまとめるようにしている。

明日は、TSUTAYAの会議で、
来年のTOCの企画のブレストがある。
みんなと、それぞれが書いた気付きメモをシェアし、
来年の企画をつくりあげたいと思う。

2015年2月××日

本当の

BOOK & CAFE

今朝も、代官山T-SITEは平日にも関わらず、
人があふれていた。
まったく通行人などいなかった場所が、
商売の場所に生まれ変わっている。
さすがに、代官山の蔦屋書店も、
3年も経つと、競合会社が分析をし、

それ以上のものをつくろうとチャレンジし始める。
よくある当たり前の話。

BOOK&CAFEは、増田がお客さんの気分になって
景色のいいカフェで、コーヒーを飲みながら、
本を読む時間ができたら素敵だなぁ、と生まれた。

一方、何か儲かることがないか、と考えて、
人の集まるBOOK&CAFEを見つけ、
同じようなものを、とカタチを真似る。

前者は、うまくいかなかったら
お客さんの目線で、もっと素敵な時間が創れないか?
と改善を試みることができるけれど、
後者のような、ただ真似をしただけの会社は、
なぜうまくいかないんだろう、
なぜ儲からないんだろう、としか考えられない。

だから、改善の方法は見つからない。
執念があれば、道は開けるという
言葉をよく聞くけれど、
ただ真似をして儲けようとする人の前には、
道は開けない。

店はお客さんのためにあり、
儲けは結果に過ぎない、という先人の教えを、
代官山のカフェでコーヒーを飲みながら、思い出した。

2015年3月××日

CCCの
未来の仕事

とあるセッションで、
「心地の未来」、というテーマについて対談した。

増田が未来について思うこと。

結局、未来は人がつくる、ということと、
人の本質から離れた未来はない、ということ。

人は、頭と心と体で出来上がっている。

体についてはiPS細胞のようなバイオの技術によって
肉体の可能性を広げるし、
頭については、コンピューターの発明や、
グーグルのような新しいソリューションが生まれて
人間の知的生産性は爆発している。
だけど、心については、そういう心の機能を拡大する
ソリューションがない!?

この部分を担うのが、
「ライフスタイルを提案する」CCCの役割だと
最近思っている。

頭は自分のことを考え、
心は他人のことを考えるのだとしたら、

「利他の心」の拡大、をすることが
CCCのミッション。

日本文化におけるおもてなしは、利他の心の形式化だし、
日本の和食や、日本建築は、ほとんど利他を前提にしている。

そういう意味で、日本のライフスタイルが、
世界で支持されるようになっているのだと思うし、
そういうライフスタイルを、世界中に提案することが、
CCCの未来の仕事になるのかもしれない。

2015年6月××日

お返事は

相手がしているようだが、
本当はこちらがさせている

最近、
会社の運命を左右するような、
大きな案件がいくつも並行して進んでいる。

昨日、その案件の内2つのお客様がお見えになり、
1社は「お願いしたい」とお返事をいただき、
もう1社は「お断りしたい」、と。

その返答によって、現場の人は右往左往するけれど、
増田は心の中で、
お客さんの返事は
お客さんがしているのではなく、
実は、お客さんがそういう答えを出すように、
CCCが活動した結果だと思っている。
立場を変えれば、
いいものだったら、お客さんは客として欲しいし、
不要なものならいらない。
もちろん営業努力も大事だけれど、
そもそも、自分たちの「提案（企画）」が
相手にとって価値があるかどうか、がポイント。

今日、代官山は、朝から雨。
だけど、昼の少しの雨上がりには、大勢のお客さん。
こんな代官山の不便な場所に、
しかも、雨の日に、
これだけのお客さんに来てもらえるのは、
やはり、来るだけの「価値」があるからだと思う。
決して、販促や立地の良さが理由ではない。

クライアント企業に対する提案も、
いくら高くても、いくら難しくても、
顧客企業にとって「価値」があれば
「欲しい、やりましょう」、と言っていただけるはず。
お断わりされるのは、
自分たちが提案した企画に価値がないから。

だから、もっと価値を高める努力を、
CCCはすればいいだけ。

お断わりの返事をもらったことを前向きにとらえ、
もっと頑張ればいいと思う。

いつか、「お願いするよ」と言われる日を夢見て。

2015年8月××日

アートの
　ある
　　生活の提案

「世界で一番」のアートの本屋さんを考えている。

きっかけは、
世の中に存在するモノすべてがアートになる、という仮説。

もうひとつの理由は、生活提案企業として
アートについて、日本で一番わかっている集団になりたい、
と思ったこと。

美術手帖に出資をさせてもらったのも、
そのような考えがあったから。

社名のカルチュア・コンビニエンス・クラブのカルチュアとは、
翻訳すると、「文化」。
文化を広辞苑で調べると、「生活様式」。
つまり、ライフスタイル。

今、世界中で、
和食や、アニメなど、日本の文化が注目されているし、
インバウンドで、
日本に訪れる観光客も劇的に増えるとしたら、
日本文化をもっと極めないといけない。

例えば、生活様式の中の衣食住、の内、
住でいうと、日本の神社仏閣、
特に有名なのは、桂離宮やその茶室などがあるが、
設計においても、
日本の建築家は世界で引っ張りだこ。

いま考えているアートの書店では、
建築もアートと捉え、建築家の本を揃えたい。
例えば、隈研吾さんの本は
ざっと過去に100冊以上出版されている。
中国でも、引っ張りだこだけれど、
隈研吾さんの出版物をすべてそろえている書店はない。

隈研吾さんに限らず、
日本の著名な建築家の本はすべて、アートとして、揃えたい。

フランク・ゲーリーや、ヘルツォーク&ド・ムーロン、
フランク・ロイド・ライトや、
コルビジェなどの建築家の本も
すべてそろえたい。
建築をアートとして捉える感覚で。

日本刀は芸術として捉えられるけれど、
日本の包丁も、調理道具ではなく、
アートとして捉えたい。
アートに関する本だけではなく、
実際のアートも販売したい。

つまり、ギャラリー事業を
自分たちで取り組もうと。

数年前に始まった、
アート・イン・ザ・オフィスというイベントを拡大解釈して、

来年からは、先日行われたT-VENTURE PROGRAMのように、
日本の若手アーティストを支援する、
アートアワードもスタートさせたい。

いずれにせよ、
生活に関わるものすべてがアートになるような生活の実現に、
企画会社として何かしらの貢献をしたい。

2015年12月××日

企画会社／
企画をつくる

ということ①

企画会社の仕事は、
世の中に存在していないモノを新しく企画して、
モノとして存在させる仕事。

32年前にTSUTAYAはなかったし、
4年前には、代官山に蔦屋書店はなかった。
世の中に存在するモノ、は全て実は企画され、
検証するプロセスを経て、モノとして存在する。
クルマも、パソコンも、スマートフォンも。

CCCが企画会社として生み出す企画は、
「4つの条件」に見合っていなければ、
企画として売っちゃいけない、と
店舗プロデューサーの人たちには
最近、口酸っぱく話をしている。

4つの条件とは、
1つ目は、「顧客価値」があり、
その企画が、お客さんに支持されること。

2つ目は、
お金を持っている人が、その企画を
買いたいと思える「収益性」を実現していること。
つまり、「売れる企画」であること。

3つ目は、その企画の実現を通じて、
社員や関わっている人が成長できること。
つまり、
世界一の企画会社になるための仕事であること。

4つ目は、
その企画によって、社会が良くなること。
つまり、社会貢献としての仕事。

この4つの条件に合致したものしか、
CCCはやっちゃいけないと。
ただ単に儲かるとか、
お客さんに喜んでもらえるけれど、
会社としては赤字の事業とか、
店は儲かっているけれど、
社員が疲弊するような店とか。
そういうのは、やっちゃいけない。

この、相矛盾する4つの価値を実現するのは、
生易しいことではない。

だからこそ、
そういうことを実現できる「企画人材」は貴重だし、
企画人材を生み出せる
メカニズムを持った企画会社は必要だと。

創業当初、おぼろげながら、
「世界一の企画会社になりたい」、と思ったことが、

このように具体的に語れるようになるのに、
32年間の時間と、歴史が必要だった。

2015年12月××日

企画会社／
企画をつくる

ということ②

CCCが作ろうとしている企画の4つの条件は、
昨日、書いたとおり。

企画をまとめるときに、
増田が意識していることは2つある。

1つは、モノになる前の企画は、
言葉にすると、「コンセプト」。
コンセプトを、広辞苑で調べると「概念」。

概念を、カタチにするために、増田は「コンセプト」を
機能とイメージで表現するように、いつもしている。

つまり、
新しいグラスのアイデアが浮かぶと、
「機能」として、何ccの液体を溜めるのか、
手触りや、使う素材や、
あるいは、デザインなど、
「イメージ」についての規定をする。
この機能と、イメージを特定することで、
コンセプトはカタチに近づく。
そして、更に人にそのコンセプトを伝え、
実現するために、
増田はコンセプトを「5W1H」で表現する。

例えば、
いつまでに、
どんな場所で、
誰が、

どんなモノを、
どのようにしたいのか、
を規定する。
そうすることによって、関係する人の理解も深まり
コンセプトは、より具体的なカタチになる。

そもそも、コンセプトとは、
カタチから生まれることではなく、
人が、
こんな店があったらいいとか、
こんなモノや、こんなサービスがあったらいいとか、
こんなシステムや、
こんな会社があればいいとか、
の思いつきから始まる。

それをカタチにするのに、一番大事なのは「執念」。
執念がなければ、
いろんな問題に遭遇したときに突破できない。

つまり、コンセプトをカタチにするのに、
一番必要なのは「執念」。
執念の強さが企画をカタチにする。
執念のない人が、お金を持とうが、
部下を持とうが、経験を持とうが、
いい企画は、決して生まれない。

年齢は全く関係がない。
もっと若い人たちにチャレンジしてほしい。

増田が前の会社で、
軽井沢の商業施設の企画を任せられたのは、
入社2年目の春だった。

2015年12月××日

店の作り方

お客さんの気分になって、
一番行きたくなる場所をイメージできるように、
代官山の企画中は毎週末ASOのテラスで
そんな空想を巡らせては企画書を書いていた。
そのうち、ASOの前を通る人の特徴に気づいた。

まず、ペット連れの、お金持ち風の高齢者や、
若い女性が多いこと。

それから、超高級外車を乗り付けて、
自分のクルマを眺めながらコーヒーを飲むお客さんが多いこと。
そして、ベビーカーを押すお母さんも。

ペットを飼っている人の生活を考えると、
餌もトイレの世話も、毎日してあげなければいけないし、
散歩もしてあげないといけない。
最初は楽しい散歩も、
疲れた時や、忙しい時に出かけるのは大変なストレスだ、
と気づいた。
だから、その毎日の苦痛を、「毎日の楽しい時間に出来れば」、と。
散歩させるのが楽しい、
つまり、同じようなペット仲間と会話が出来たり、
ペットショップがあって、預けられたりするような場所も
あったらいいな、と。
結果、代官山T-SITEはペットの散歩のメッカになり、
世界中のステキなワンちゃんが見られる場所にもなっている。

そんなふうに一番になれる場所が実現すると、
次に問題が発生する。
つまり、カフェの席は座れないし、
レストランも、ペットのトリミングも予約が取れない。
そこで、もっと多くの人に楽しんでもらおうと、
席を増やしたり、予約のシステムを開発したり、
お待ちいただく時間も楽しくなるような企画をする。

代官山のレストランは、
予約なしに行くと、
いつも1時間くらい待たされるほどの人気。

しかし、そのIVY PLACEでは、お客様の予約を受け付けた後、
その場で列になって並んで頂かなくても、
自由にT-SITEで楽しみながら順番を待てる。

そんな風に考えることが出来る企画マンがいたら、
一人のお客さんが、幸せになれるし、
多くのお客さんも幸せになれる。
つまり、社会が幸せになれる。
店が楽しくなり、街も楽しくなる。

地方創生と考えるより、
一人一人の一番の幸せを実現するアプローチで、
世の中も楽しくできるし、
ビジネスも結果として儲かる。
そのように企画を考える人が、
仏さんのように美しい顔をしていることが多いのは
きっと、それが理由である。

2016年1月××日

生活提案をするという仕事

先日、とあるアーティストが
増田とゲストを「自宅に」招待して、
手作りの食事を振る舞いたい、ということで
土曜日、夜7時に、
アート担当の山下くんとその方の自宅におじゃました。

そのときに思ったこと。

先週のある会議で、
軽井沢で行う「生活提案の合宿」では、アートや、食や、クルマなど
「ジャンル別にミーティングをする予定」を組んでいる、と
説明を受けた。

クルマの雑誌には、時計の広告が出ているし、
また、男性ファッション誌に、クルマで行く温泉、という
一見ファッションには関係のないテーマもある。

合宿の時に、それぞれのジャンルに分かれて、
分科会をするのではなく、
増田はクルマの企画の話を、
料理の人も、アート人も聞けばいいし、
クルマの人も、アートの話を聞けばいいと思う。

なぜならば、
クルマもアート、と言われるようになると思うし、

食は、食器がそもそもアートだし、
料理も、アーティスティックな盛りつけが
普通になってきている。

増田が大学生の頃、
衣服が寒さを防ぐ機能でしかなかった頃に、
「これからの服は、すべてデザイン化し、
ファッション化する」と、浜野安宏さんが言ったように、
「すべての生活用品が、アート化する」、と思う。

つまり、アートが絵画や彫刻などの
美術品だった頃の時代から、
住むところも、着るものも、乗るクルマも
使う食器も、家具もすべてアート化していく。

だから、食とアートは分けちゃいけないし、
クルマとアートも分けちゃいけない。

増田が山下くんと一緒に招かれた家には、
アーティストとしての彼の作品はなく、
空間そのものがアートだったし、
照明や置物、彼がデザインした家具そのものもすべてが
アートだった。

更に、ごちそうになった料理は、
すべてそのアーティストが作った「手料理」で、

食材の手配から、目の前で展開される
調理のしぐさや、出される食器、盛り付けなど
食のアートになっていた。

始まりは午後7時。
最後のコーヒーが出たのが、夜中の12時。

5時間にも及ぶおもてなしは、
会話も含め一分の隙もない、
まさに、「作品」だった。

代官山の増田の自宅や、
軽井沢のゲストハウスを設計してくれた池貝くんも、
完成後、そこで行われるお客様のもてなしについて
こうあって欲しいというイメージを実現するために、
ケータリングをしてくれるレストランを紹介してくれたり、
花を生ける華道の女性を紹介してくれたり、
ゲストのもてなしの日にも、
設計事務所から担当の女性を派遣してくれる。

設計の仕事が設計をして終わり、
ということでは、彼女の場合もないらしい。

つまり、「生活提案」というのは、
ジャンルで切れるものではなく、
衣食住全体を通じた、
生活のイメージのことなんだと思う。

代官山では、上質な日常の生活、
梅田では、働き方、
そして、今後は「アートのある生活」や、
「クルマを楽しむ生活」などをCCCは提案していきたい。

いずれにせよ、
生活提案というのは
これがいいとか悪いとか、頭で考えることではなく、

自分がいいと思った、
あるいは体験したことを他の人に「これいいでしょ」と
提案することに他ならないと思う。

増田は、
土曜日もてなされた内容が素晴らしいと感じたし、
池貝くんが設計してくれた家での生活は最高だと
思っている。

最近、大企業の社長に会った時に、
そういった提案がなかなか社内から上がってこないので、
CCCに考えてほしい、とよく言われるが、
CCCそのものも、まだまだ体験や情報が少ないと思う。

生活提案業を目指すなら、
「これ、いいでしょ」という提案で、一番になりたいと思うし、
最近、そういった視点で、週末を過ごしている。
楽しい!!すごい!!を探しに。

2016年1月××日

いろんな無駄、失敗があったから

思い起こすと、
今日までいろんな無駄な仕事をやってきた。

例えば、
海外の超お金持ちのゲストハウスの設計を頼まれて、
いいところまで行って、受注できなかったり、

Tカードの営業では
いろんな業種の一番の企業について
徹底してその企業や、その分野の市場を調べて、
提案してもクロージングできなかったり、
グランピングの生活を提案しようと、
徹底して市場調査をしたり、
随分と無駄と思われる仕事をやってきた。

だけど、
当時無駄と思った経験や時間や費用のおかげで、
社員の経験や知識も増え、
難しい仕事を頼まれても、
結果として、取り組める素地になっている。

当時は、
あーあー、と溜息をついたり、
気持ちを切り替え、がんばってきたけれど、
今になって思うと、
当時の稚拙ではあったけれど、
真剣な取り組みが会社の財産になっていることに気づく。

お金儲けだけで仕事に取り組むのではなく、
ビジョンや、目的に基づいた仕事は
失敗しようが、成約しなくても、
けっして無駄にはなっていないと、

目の前のすごい会社の、すごい社長と話しながら、
今日懐かしくあの頃を思い出した。

2016年3月××日

風景は
　目で見ているようだが、

　　　　実は目で見ていない

人は、風景を目で見ているようで、実は、目で見ていない。
頭で見ている。

人は、味を舌で味わっているようで、実は、舌で味わっていない。
目で味わっている。

人の話を耳で聞いているようで、実は、耳で聞いていない。
頭で聞いている。

つまり、
同じ風景を見ていても、人によって見える風景は違っている。
同じ風景なのに。

人間は、風景の中に、無意識に意味を探している。

その人にとって意味のある風景があれば、記憶に残るし、
意味がなければ、記憶に残らない。

だから、同じ風景を見ても、人によって見え方が違う。
風景に見出す「意味」は、その人の興味や、問題意識や、
先入観によって異なる。

料理も同じで、
美味しいものを食べた記憶があれば、
同じ料理が出てくると、美味しく感じるし、
見た目が美味しそうだったり、
見慣れたコーヒーのブランドロゴがあると、
そのコーヒーは美味しく感じる。
つまり、人は目で味を味わっている。

同じように、未来についても、
同じ情報を与えられても人によって、描く未来は全く違う。

最近、いろんな会社と仕事をして、
それぞれの会社の未来に対する創造力の違いに、
愕然とすることが多い。

同じ情報を持っているのに、
全くクリエイティブに未来を描ける経営者や企業が少ない。

過去の延長線上に未来を描こうと、もがけばもがくほど、
つまらない未来になってしまう。

片や、何も知らない素人が描く未来も、
一見面白そうだが、具体化されるイメージがわかない。

感動的な未来のイメージを、クリアに描き、
そして、そこに至るプロセスも見せられる経営者もいる。

その違いは何だろうか?と考える。

増田は優秀なクリエイターや、経営者にある共通性を見出す。

それは、自分の考えに固執せず、
常に人の意見を聞こうとする姿勢。
常に、知らないことを知ろうとする姿勢。

「自分が納得する」のではなく、

お客さんや、会社にとって価値ある企画を創ろうとする姿勢。

その姿勢があれば、風景は違って見えるし、
美味しい料理も作れると思う。
そして、素敵な未来も。

2016年5月××日

Airbnbと、
CCCの
記者会見

今朝は、11時から、9FのCCC CAFEで、
ホームシェアリング世界最大手、
Airbnbの創業者、ジョー・ゲビア氏と2人で記者会見。

夜、お客さんと会食中の増田に、早速友人から電話が。
「また、CCCは地雷を踏んじゃったね。
だけど、それがCCCらしいんだけどね」、と。

社内でも、
何でこの時期なのか?
法律が改正されてからでもいいのではないか?
などの意見もあったが、あえて、このタイミングで発表した。
それが、「CCCらしい」と思ったから。

本社9Fの記者会見会場には、
今話題のサービスということや、Airbnbの創業者自ら、
そして増田も参加の記者会見ということで、
たくさんのテレビ局をはじめ、多くのメディアの記者が来られた。

増田のメッセージはシンプルで、
日本は人口減少のステージに入って、
日本の企業が成長するには、厳しい状況にあること。
一方、和食や富士山に代表されるように、
日本の文化が、世界で評価されるようになり、
海外から、
日本に訪れる観光客(インバウンド)の数が劇的に増え始め、
日本の経済に大きな効果をもたらし始めているが、
ホテルや旅館の数が同じようには増えていないので、
日本人も含め、来日するお客さんは不便を感じていること。

高齢化社会になって、空き家の増加も、
社会問題化しているけれど、
京都の町家のようにインバウンドのお客さん向けに、
きちんと手入れをすれば
持ち主にとっては新たな収入になり、
近隣の人にとっては、景観上も、防犯上も良いこと、
などを伝えた。

Airbnbは、
2007年にマンションで共同生活をしていたジョーと、
ブライアン・チェスキーとが、
サンフランシスコでデザインのイベントが行われた時に、
泊まるところがなくて困っている人に、ネット広告を出し
自分たちの部屋に、
ゲストを宿泊させたことから始まったサービス。
今でもその最初の3人のお客さんとは、
いい関係を続けているらしい。

今では、世界に200万室の部屋が登録され、
累計8000万人の人が利用している
世界最大のホームシェアリングの会社に成長。
2014年のブラジルW杯サッカーの際には、
訪れた50万人のゲストの内、
10万人の宿泊をサポートした実績もあり、
今年のリオ・オリンピックでは、公式スポンサーにもなっている。
そんなAirbnbの日本での登録されている部屋数は、3.5万室で、
世界で登録されている200万室と比較すると、
わずか、1.75％でしかないし、
日本人で、Airbnbを知っている人も、

15.9％しかいないし、
利用したことのある人は、わずか1.6％!!

彼らのビジネスコンセプトは、「単に部屋を貸す」のではなく、
ホストがもてなし、
そこで「ゲストとのコミュニケーション」を創造すること。
日本で問題になっている民泊のような部屋を貸すことだけが、
ビジネスモデルではない。
しかし、日本でAirbnbは部屋を貸すだけの民泊、
と同じように捉えられている。

ホストが、ゲストをもてなす、という考えがあれば
近所迷惑なことなんか、させる訳が無い。

だから、誤解されているAirbnbの正しい理解を広げ、
日本に来られるインバウンドのお客さんをもっと増やし、
日本の成長の一助になればと、提携をし、発表をした。

目指すは、「日本流のホームシェアリング」の拡大。

また、法律的なことを言えば、
ホームシェアリングのような新しいサービスは、
旅館業法が制定された68年前には無かったサービス。

だから、該当する法律が無く、
既存の法律で判断されてしまっているが、
きっと、新しい法律が生まれるはず。

AirbnbとTSUTAYAには幾つもの共通点があると思った。

TSUTAYAも「生活提案業」というコンセプトでスタートしたが、
今も「大手レンタル店」と言われていること。
創業した33年前は、レコードは「買って聴く」ものだったけれど
「みんなでレンタルして、シェアする」というTSUTAYAは、
日本でのシェアリングサービスの走りだったのかもしれない。

ジョーは、このAirbnbのサービスをやる前に、
本屋のビジネスにチャレンジして失敗し、
苦肉の策で、Airbnbを生み出したらしい。
増田も、33年前に本屋を始め、今がある。

何かの縁を感じた、記者会見。

2016年5月××日

ディテールに
魂は宿る

ものづくり、
販売、
営業、
資金調達、
人材育成、
契約、
ブランディング、

人の仕事には、いろんなレイヤーがある。

現場の仕事もあれば、
スタッフ的な仕事、
そして、経営の仕事も。

経営判断を間違えると、
現場でいくら努力していても、報われない。

例えば、
いくらいいモノを作っていても
販売のパートナーを間違えると売れないし、
変なイメージをお客様に持たれても売れない。

出店場所や、ネット戦略を間違えると、
いい商品でも、いいサービスでも売れない。

つまり、戦略のミスは、
戦術では取り返せない。

片や、
いくら素晴らしい経営計画や、
経営戦略や、潤沢な資金があっても、

つくる商品がいい加減だと売れないし、
お客様からの信用を失う。

今日、新しく作る柏の葉T-SITEの
現場チェックに呼ばれて、他のプロジェクトメンバーも勉強を兼ね、
バスで現場に。

この物件は、代官山を見られたデベロッパーから
同じようなものをつくってくれ、との依頼がきっかけ。

代官山を設計してくれたクライン ダイサムにお願いして、
来年のオープンに向け、準備している。

現場は、
代官山をつくった時と同じように
通行客数はゼロ。

駅からも500メートル離れている。

だから、本当に行きたい場所にしないと、
誰もお客様は来ない場所。

だけど、
T-SITEに関わるメンバーは、
成功体験をしているので、

お客様が、「つくれば来る」、という錯覚に
囚われているかもしれない。

だから、
つくったら来る、ではなく
こんなことができれば、お客様は必ず来る、
来ても損をしない、
いや、来ないと損をする、
とまで思える企画が必要。

今日、プロジェクトメンバーからの説明を聞いていて、
まだまだお客様に支持される企画になっていない、と感じた。

特に、メンバーのイメージに、
1センチ単位のシーンが見えていないことに
不安を覚えた。

デザイナーがつくった図面をもらって、
何かいい空間ができる、と思っているだけでは、
いい売場はできない。

心のこもった接客や、
駆けずり回ってお客様に出すご馳走のような、
他にはない心のこもったおもてなしができないと、
人は何度も来ようとは思わない。

来ないと損をするくらいの企画を、
1センチ単位で積み上げないと、
わざわざ来てもらえる空間にはならない。

一方、デベロッパーにお願いをして、
調整池をセントラルパークのような公園にする計画は、
着々と進んでいて、
みんながここで犬や子どもたちと散歩をしたりしたくなる
風景は出来上がっていて、

隣接するマンション群からのT-SITEの眺めも抜群で、
しかも、駅からは離れているものの、
16号線におおよそ270メートルも隣接し、
駐車場も500台以上用意できそう。

環境には恵まれているのに、中身の企画は
まだまだ詰まっていない。

まだ夏が始まったばかりだから、これからが勝負。

そんな話をしながら、みんなとバスで
東京のオフィスに戻ってきた。

みんなの気持ちや、執念で
ディテールに魂が宿ることを祈念しながら。

2016年7月××日

3人の

お客さん

代官山 蔦屋書店をやってから、
日本のお客様についてわかったことがある。

1500兆円と言われる日本の個人資産は、
その7割を60才以上の人が持っていること。

働いている人の7割弱（おおよそ3600万人）が
年収400万円以下であること。

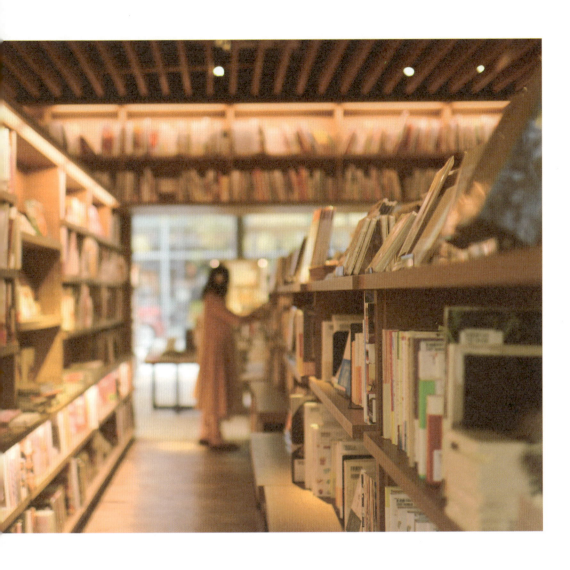

つまり、増田が学生だった
1970年から1990年のバブル崩壊までの20年間、
総中産階級と言われた日本は、今や存在しない。

いいか悪いかは別にして、
メディアのいうところの、「格差社会」になっている。

だから、企画会社、あるいは企画マンとしては、
昔のようにお客さんを一括りにしてはいけないと思う。

増田が若かった頃には、
日本人でお金持ちといわれる人は、
本当にごく一部だったけれど、
高度成長で多くの億万長者が生まれた。

だから、日本には高級ブランドのお店がたくさんできたし、
高級な外車のショールームや、高級住宅街なども生まれた。

息子と行った近所の焼肉屋さんでは、
1人1万円近く取られたけれど、
この間行ったデニーズでは、
1人2000円も要らなかった。

成熟した日本で、企画を売ろうとすると、
常に、価値観やライフスタイルの異なったお客さんの視点で
評価をしないといけない。

スマホは、若い人は使うけれど、
60才以上の高齢者は、なかなか使い切れない。

だから、話題のスマートフォンによる決済は、
便利そうに思うけれど、
お金を持たない、お金を使わない若い人たちは、
スマホで無料コンテンツを楽しむことが主で、
なかなか、スマホ決済は使うシーンが少ない。

翻って、多額の買い物をする
プレミアエイジ（60歳以上のお客様）の人は、
スマホではなく、
プラスティックのクレジットカードに愛着を持っているので、
スマホ決済にはなかなか移行しない。

資産を持ったプレミアエイジと
その子どもたちと孫
労働者の2／3を占める年収400万円以下のお客様
日本には"3人"のお客さんがいる。

ヒット商品を、客層をまたがってヒットさせるには、
工夫が必要な、成熟した日本市場。

だからこそ、企画会社の役割は
今まで以上に増していると実感。

2016年9月××日

第4章

価値観

信用？

「井戸の水を飲むときは、井戸を作った人の苦労に思いをはせる」
それが出来るか、出来ないかが人間性である。
普通の人は、水の味を議論するというような記事が
今朝の新聞のコラムに載っていました。

CCCで働く人は、
知らない間にCCCの信用の恩恵を受けていると思いますが、
CCCの信用とは、例えば取引先から見ると
「絶対お金を約束通りの期限で
きちんと払ってくれる会社」であること。
上場もしているし、悪いことはしない、という暗黙の信用。
間違いなく、遅れもせず、支払い段階で変な値切り交渉も無く、
お金が入るという「顧客価値」が保証されている。
だからCCCは、疑われること無く、
会社の財務状況の説明も無く取引が出来る。

最近の増田の懸念は、
そういった信用はあるものではなく、
過去いろんな人達が作ってきたもの。
増田は、今のCCC社員に
「信用を利用するのはいいけれど、
新たな信用を作って欲しい」と思っています。

例えば、CCCに集まってくる人に対する礼節や
マナーに気をつけて欲しい。
多くの不動産屋さんは、
CCCの信用やTSUTAYAの出店力を見て、
いろんな物件を紹介してくれるし、
エンタメのメーカーさんは

TSUTAYAの販売力を期待して
いろんな作品を持って来てくれるし、
システム会社の人も
新しい技術の紹介を現場にたくさんしてくれていると思う。

そんなことを当り前に思わず、
何故こんなに「人が集まるのか、
またもっと集まるようにするにはどうしたらいいか」を
考えて欲しい。

増田はいつでも、
「相手の立場に立って、されていやなことはしない。
されてうれしいことは、出来るだけする」ようにしています。

例えば、
不動産屋さんから物件の紹介があれば
出来るだけ早く返事をするようにしたり、
ダメな場合はきちんと理由を文書で説明したり、
市場調査をした場合はそのデータをあげたり、
CCCと付き合っていて良かったなあと
思ってもらえるようにしました。

何故なら、昔のCCCには信用なんて無かったからです。
そんな積み重ねで、CCCファンが出来たのだと思います。

今日は、午前中にITの会議と、午後からは経営企画のスタッフが、
中期計画の骨子を経営会議メンバーにプレゼンし、
秋までにまとめるべく、みんなから意見を聞く、
また意見を交える「いい会議」を企画してくれました。
ただ、時間が6時間にも及び、さすがにちょっと疲れたんですが（笑）。

2007年8月××日

菅沼くんと
ヤスくん

今日から1週間、TSUTAYAの商品本部長の菅沼くんが
NEO（次世代経営者育成プログラム）のカバン持ちとして
増田に同行してくれています。

菅沼くんは、1994年入社（10期生）で、
1999年の大晦日にオープンした
SHIBUYA TSUTAYAのプロジェクトメンバーとして、
プロジェクト開始の1997年から2年間、
何もしないで（?）増田の側で遊んでいました。

増田が菅沼くんをSHIBUYA TSUTAYAの
プロジェクトメンバーに指名したのは、
「やりたいけど、できないことを実現する」
プロセスを体で学んでほしかったからです。
今日SHIBUYA TSUTAYAがある、
あの日本のタイムズスクエアともいえる超好立地に
地下2階、地上8階の物件を「TSUTAYAとして企画する」ことは、
普通に考えれば、
当時のCCCではとても実現「出来ない」プロジェクトでした。

増田も昔、菅沼くんと同じように、
「やりたいけど、できないことを実現する」
プロセスを鈴屋で学びました。
ちょうど菅沼くんのように増田も2年間何もせず、
青山のベルコモンズの企画のプロジェクトチームにいました。
当時の増田は「生活提案」というけれど提案すべき生活を知らない、
学生上がりの新入社員でした。
当時の鈴屋にはたくさんの先輩社員はいたけれど、
「婦人服を売ること」についてはとても優れていましたが、

逆にそのことに縛られてしまっていて、
長くその世界にいた当時の鈴屋の社員に
突然「生活提案」をしろと言われても、
難しかったのかもしれません。
だから増田のような何もしらない学生上がりの
ある意味素人を遊ばせて、
「生活提案」できる生活を知れるように「教育」したんだと思います。

菅沼くんが入社した当時のCCCや、
TSUTAYAもお題目は「生活提案」だったけれど、
実態はレンタル屋さんで、
利益を出して借金を返すのが精一杯の会社でした。

鈴屋に入社した当時の増田がそうであったように、
誰も、菅沼くんを教育できないし、
放置されたままになっていました。
増田は、増田と一緒に
SHIBUYA TSUTAYAのプロジェクトを企画することで、
「生活提案」できる人材を育てようとしたのです。
おかげで(?)今はTSUTAYAの品揃えの責任者として、
TSUTAYAにいらっしゃる大勢の
お客さんにライフスタイルを提案してくれています。

週末は、CCCキャスティング社長の高橋誉則(ヤス)くんの結婚式が、
赤坂のレストランであり、招待され出席してきました。

増田は、昔はほとんどの社員の結婚式に
出させてもらうようにしていました。
仲人も頼まれれば積極的に引き受け、

30代ですでに10組の社員の結婚の仲人もしていました。
しかし社員が300人を超えて、
全ての社員の結婚式に出るということが物理的に難しくなり、
増田が出る結婚式と出ない結婚式があると不公平になると思い、
ある時期から全ての社員の結婚式には出ない、と決めました。
ただ、そうはいっても、秘書の能村くんや当時社長室の西田くん等、
直属の部下の結婚式には出席していて、
その流れの中で直属の部下?のヤスくんの結婚式に出席しました。

披露宴では主賓として、
人前結婚式で感じた「組み合わせ」と「夢の力」について、
挨拶をさせてもらいました。

意味は、みなさんご存知(?)のように、
ヤスくんは「CCCが目指す未来や、人事の戦略」に
ついてとてもよく見えているのですが、
「足元や実務」はややおぼつかない?ところがあります。
一方で、彼の奥さんになった女性(元CCCの13期生)は
とてもしっかり者で実務家だと思いました。
そんな二人が夫婦としてタッグを組むことで、
お互いが補完し合って、互いの良さを活かし合える、
最高の「組み合わせ」だと思いました。

増田とヤスくんの出会いは、
2002年ごろ増田がTSUTAYA事業本部長として、
現場でTSUTAYAや、加盟店さんと支店との係わりを把握し、
TSUTAYAの価値を
「次世代TSUTAYA」として改めて再構築しているときでした。
当時ヤスくんはSV(スーパーバイザー)を中心とした

業務の見直しをする仕事をしていましたが、
その後「CCCの人事をやりたい」と
経験もないのに増田に言ってきました。

数年後にはそのヤスくんが、
CCCグループ65社、
社員数3500人の人事の責任者をしている事実がそこにあります。
まさに、人が持つ「夢の力」が
CCCを動かしているということを彼に実感します。
これが挨拶で話した「夢の力」の意味です。

「夢しか実現しない」と増田は信じているけれど、
人はそれぞれに夢があり、
それをかなえていくその集合体がCCCなんだ、と。

2007年8月××日

エレベーターに乗った5人の社長

今日は定例の第91回目のCISC（IT会議）が9：00〜11：00まで
ありました。
議案として「YGP（恵比寿ガーデンプレイス）の21Fの
コンピューター室の改善の提案」がありました。
CCCグループの中核となるデータは、大阪のセキュリティ
万全のデータセンターで管理されていますが、
13年前に本社機能を大阪から東京に移した後に生まれた
ITインフラはYGPの21Fにサーバーを置いて開発・運営
するようになりました。

例えば、昔はなかったメールのインフラや、
ワークフローシステムや連結会計システム他
各社のサーバーが設置されています。
YGPはオフィス使用なので、データセンターとしての設備は
不十分で危機管理の面からもきちんとしたところへの移設が
経営に対して提言されたことも受け、
今回の提案になったようです。

今日の報告を聞いて、増田は有名な大企業の社長数人と
海外に行った時の「ある風景」を思い出しました。
ホテルでエレベーターにみんなで乗り込んだときに、
ドアが閉まっても誰も行き先フロアのボタンを押さずにじっとして、
ドアが開いたときにはまだ1Fにいました。
大企業の社長は普段は、自分でエレベーターの階数の
ボタンを押さなくても誰かが押してくれるので、
誰かが押すと思って、誰も押さなかったのです。

もうひとつ思い出した風景は、マイクロソフト(MS)がまだそんなに
大きな会社になる前に、アメリカのMSの工場を見学に
行ったときのことです。

5000坪ほどの1フロアの工場だったのですが、働いている人は
南米系の若い女性ばっかりだったのですが、掃除と整理整頓が
隅々まで行き届いていたので、「なぜこんなにキチンとしているの
ですか?」と増田が質問をしたところ、案内をしてくれた
MSの担当者が「床を見てください」と言うので床をよく見てみると、
うっすらと5000坪の床に碁盤の目のように線が引かれ、
すべての碁盤の目の右隅に名前のシールが貼ってありました。

エレベーターのボタンを押すのは「自分ではない」と思っている
集団は何人いても誰もボタンを押しませんが、
5000坪の広い床でも、自分の担当スペースが決められていて
そのことが明示されていると、キチンと自分の時間を使って責任を
果たす、という人間の行動心理で、「どんなに広い床でもきれいに
出来るんだ」と感心したことを思い出しました。

大きな仕事を、大集団でやる際のマネージメントのヒントが
あるように思いました。
早速恵比寿21Fのコンピュータ室の管理責任者をきちんと決めて
表示するように、会議中に指示をしました。

また別の議案として、5年前に開発し来年償却の終わる
「グループ経理のシステムの再構築の提案」が、
経理グループのスタッフから説明がありました。
当面は、専門家もいれ、どのような経理インフラを作るか?
という作業を来年3月までやる、という経費の申請があり、
承認されました。

CCCグループが今後世界一の企画会社になるための
ITインフラの再構築となることを期待しています。
増田は報告を聞きながら、こんな風にみんながこんなことを
考えてくれることを知り、世界一の企画会社になれる
予感がしてうれしかったです。

2007年11月××日

増田が、

毎日
ジーパンな訳

1983年に、TSUTAYAをオープンしたときの制服は、
決め事として、各自が持っている「ジーパン」の着用と、
会社で作った名札をつけることと、
会社が支給した白の「コンバース」の着用の3つだけでした。

名札はお客さんが、名前を覚えられるように、
ジーパンとコンバースの靴は作業がしやすいように。

企画会社として、スタートしてからも、制服は作りませんでした。
ネクタイやスーツの着用も義務付けませんでした。

理由は、
企画をするために必要な競合店の調査や、
顧客目線での情報収集(いろんなお店にお客として行く)
をするのに、邪魔だったからです。

全員が同じ服を着る目的は、
作業効率を上げるためのものと思うけれど、
一人ひとりが「主体的に」情報を集め、
企画をするという仕事にはなじまない。

一方TSUTAYAも、300店を超えるまで出店をした結果、
いろんなことがわかった。

立地によって最も効率のいい坪数や、
会員数や売上のポテンシャルが立地が同じだと似ている
ということが。

それらの数値を立地タイプごとに「標準値」として

数年前にまとめました。
そして、その成功事例に基づくワンパターン出店をしてきた訳です。

しかし、標準値の数値はある時代の適性な数字であって、
未来永劫、「不変」ではない。
それなのに、未来永劫と錯覚してしまう。

企画は基本的に、顧客のためにあるので、
顧客の環境が変われば、企画は変わらなければいけない。

数年前に決めた次世代TSUTAYAのモデルも、
これからどうあるべきか?を考える状況にあると思う。

すなわち、常に顧客を知り、常に企画し続けないといけないのが、
「企画会社」の使命。

上場会社となり、株価も順調で、
利益も毎年過去最高を更新し、
オフィスも立派な場所に構えるようになったけれど、
企画会社の使命は変わっていない。

増田は企画マンとして、今でも、
競合店やTSUTAYAや、
お客さんがよく行く話題のお店に出入りし、
カフェで企画書を書くために、
58歳になった今でも
ジーパンとスニーカーで街を歩いている。

2009年2月××日

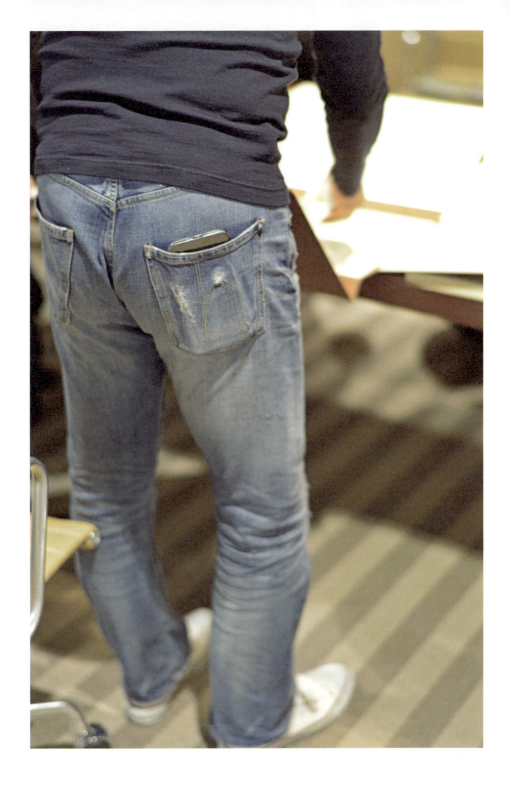

鶴田さんへの
心の弔辞

「この人TSUTAYAの社長」

亡くなられる6日前の、12月21日、
入院先の病院にお見舞いに行ったときに鶴田さんが、
担当の看護婦さんに増田を紹介してくれたこの一言が、
増田にとって、鶴田さんの最後の言葉になりました。

鶴田さんと初めてお会いしたのは25年前。
飯田橋に、日販商品開発部があった頃で、
その部長が鶴田さんでした。

お会いしたきっかけは、
関西のCCCの加盟店と、
日販さんのお店のバッティングからでした。

鶴田さんいわく「何故、CCCの店にはお客さんが
たくさん入って、日販がお手伝いしている店には、
お客さんが少ないのか」と。

そこで、鶴田さんは直接CCCに連絡をして下さり、
東京、飯田橋のオフィスでお会いすることになりました。

当時の商品開発部は、事務所に商品が溢れ、
「廊下の椅子で」二人で話をしましたね。
増田は、将来の本屋のあり方や、
ビデオや本の役割について話をし、

その市場の大きさから、とてもCCCだけでは
対応出来ないので一緒にやって欲しい、
と率直に話をしたところ、すぐに「やろう」と
言ってくれました。

そして、確か翌日、御茶ノ水のルノアールか
どこかの喫茶店で待ち合わせ。

お会いするとすぐ鶴田さんは、
広告のチラシの裏半分に鉛筆書きした業務提携の
メモ書きを出され、「後は増田君が書いてくれ」と。

そして大阪に帰り、契約書の続きをワープロで打って
東京に持って行くと、「すぐにハンコをもらってくる」
と、その足でハンコをついた契約書を持って来られました。

細かな駆け引きや、交渉は一切ありませんでした。

業務提携後すぐに、日販さんの取引先様の集まりである
日販懇話会で講演をさせてもらったり、
全国の支社に、二人で巡業に行きました。

支社では、日販社内で当時あまり有名ではなかった
鶴田さんに仕事が終わってから、
支社のみなさんが食堂や事務所に集められ、
関西弁の若者の話を聞いてもらいました。

各支社での取引先さんのほとんどは当時本屋さんで、
CCCや商品開発部の話を聞いて複合書店にすると、

当然、ビデオの売場を作るために、本の売り場の縮小、
すなわち本の返品が発生し、支社の売上は減少します。

しかし、鶴田さんはビデオの本質を、
「ビデオは本と同じで、新しいメディアに過ぎない」
と理解されていました。

だから、本の売上の減少を気にすることなく、
お客さんに喜んでもらい、
本屋さんの収益を改善するなら、徹底してやろうと
MPD（CCCグループの取次会社）の社長の吉川さん（当時）はじめ、
当時の商品開発部の皆さんと合宿までやって、
新しい市場をどう開発するかと、
まだ生まれたてのCCCと、
大会社日販さんとの信頼関係の醸成にも
腐心してもらいました。

最初に出会った、
商品開発部長の鶴田さんの思い出に残る言葉は、

「商品開発部長の仕事は、ひたすら断ることだ」と。

商品開発部には、
たくさんの新しい商品が持ち込まれるが、
これらをすべて本屋さんの店頭に置くわけには
いかないので、断ることが仕事だと。

常に、お客さんや取引先の本屋さんのことを優先して、
どうしたらいいかを本当に真剣に、
妥協せずにいつも考えておられましたね。

そして、どうしたら次の人にバトンタッチが出来るかと。
よく、僕もCCCの人事を相談しましたが、
鶴田さんにも人事について意見を聞かれました。

山登りを趣味として、
病院にも行ったことがなかった鶴田さん。

引退したら、一緒に遊ぼうね、と
いつも話をしていたのに、
こんなに急に先立たれるとは思いもしませんでした。

鶴田さんは「孤高の人」でした。

権力や、しがらみに負けないで、
仕事というよりは、鶴田さんには男の生き方を
教えてもらいました。
いつも増田は、自分の生き方や、仕事の仕方について、
鶴田さんの生き方や、仕事の仕方と比べて
生きて来ました。

「敵の軍勢大なり。
しかれども、志気の一点譲るべからず」

市場や会社が大きくなる過程で、鶴田さんが
くれた言葉です。

鶴田さんの言葉、生き方、恩義、思い出は
ずっと増田の心の中に残っています。

そういう意味で、鶴田さんとはこれからも一緒に、
鶴田さんの分まで世の中のためにがんばります。

残された日販の皆さんや、加盟企業の皆さん、
そしてお世話になったCCCのメンバーと。

ご冥福をお祈りします。

2010年1月××日

生前の鶴田さんと

人と人との関係性／

依存と共存

TSUTAYA OWNER'S CONFERENCEの朝礼で増田が話したこと。
TSUTAYA事業における
FC本部と加盟企業との関係性について。
経営がうまくいっている加盟店さんは、
CCCをうまく利用されているケースが多い。
一方、この店は問題だな、と思うTSUTAYAのオーナーは、
本部にその経営を「依存」しているケースが多い。
だから、自分のお店の問題は棚に上げて、
本部に対して要求されることが多い。
増田は朝礼で、
本部と加盟企業は、それぞれ経営が別で、
加盟企業さんがいくら儲かっても、CCCは、
ロイヤリティ以上のことを請求しないし、
逆に、CCCの経営が苦しくなっても
加盟企業さんに資金をお願いしようとは思わない。
お互いが独立した経営体で
それぞれの価値や、役割を相互に活用し
共存する関係だと。
その覚悟がないと、本当の意味で
顧客中心にはなれないし、
社員や株主にも目が行き届かない。

会社における人間関係も同じで、
増田と仕事をする人は二通りに分かれる。
増田の知識や経験や情報を
うまく引き出して仕事を進める経営幹部と、
増田に何でも承認を取って(責任転嫁をして)
仕事を進めようとする幹部に。

一人ひとりが、自分の役割を認識し、
責任をもって、判断することが前提でないと、
増田と仕事をする人は
つい責任を増田に丸投げし、
自分の責任を放棄してしまう。
新しい企画を生み出し、
いろんな人の力を借りて具現化する仕事は、
いろんな才能を持った人とのチームワークで実現する。
そういう優秀な力のある人から、
一緒に仕事をしたい、と思われて
一緒に仕事をすることを実現させる力こそ
本当の意味での「自由」。

加盟店さんとの関係も、
そういう意味で自立に基づく「自由」でなければいけない、
と思う。

2014年2月××日

信用と自由

CCCが創業以来大事にしてきた価値観。
「約束と感謝」。
そして「自由」。
CCCにとっての自由は、
やりたいことがやれ、
止めようと思ったことが止められるという考え方。

例えば、会いたいと思う人と会えたり
やりたいと思う仕事がやれること。

決して、好きな格好をして、
何もしないで、給料をもらおうとする
自由ではない。

おとといの夜は、青葉台のゲストハウスに
アーティストが来られ、
疲れているにも関わらず、
菅沼くんたちと大盛り上がり。
聞けば前の日、ツタロックが復活して
そっちも大盛り上がりだったと
熊谷くんから。

昨日は朝一番で、某有名不動産会社の
社長他、経営陣のみなさんに依頼されていた
大型商業エリアの企画の提案に。
午後一番は、先日サービスインした
某社の社長がご挨拶に。

その後、
最近いろいろとコラボを画策している
超有名海外家電メーカーの日本の社長が
企画の打ち合わせに。
その後はまた、
Tポイントにご加盟いただいている
企業の新社長がご挨拶に。

そして、夕方は
年一回恒例の、証券会社との会食。
武田くんや、財務のスタッフと。
一日にこれだけの人と会え、
話ができるのは、スケジュール的には
大変だけれど、得るものもすごく大きい。

家電メーカーの社長なんかは、
昔から増田がいつか会いたいと思っていた人。
そんな人と、ただ会うのではなく、
一緒に仕事ができることに、驚くと同時に
本当にやりたいことができる「自由」の大きさが、
本当に大きくなったなと感慨深い。

そういった「自由」が、
与えられた背景は、
やはり既存のお客様と、
約束したことは守り、
お世話になったことは忘れないという
当たり前のことに拘ってきた結果だと思う。
本当の「自由」とか、「信用」というのは、

当たり前のことを
きちんとやる執念を持った努力の上に
成立していると思うけど、
CCCで働く社員のどれくらいの人が
そのことをわかってくれているだろうか。

2014年4月××日

いいとか、悪いとか。
キレイとか、キレイじゃないとか

ある日、テレビを見ていたら、
キューバの、とある街の風景が映っていた。
僕らの感覚でいうと、
けして、キレイとは言えない街角なんだけれど、
キューバでは、そこが素敵な場所。

以前、イタリアのナポリに行った時に、

全くコンビニがないので、
街の人に、コンビニがなくて不便じゃないですか？と
聞いたら、
コンビニのある生活を知らないので、
不便だとは誰も思っていない。
ふと、マクラーレンの工場を思い出した。

マクラーレンは、F1のレースなどで、
有名な自動車メーカー。
彼らの工場は、シルクのシャツを落としても、
ホコリが付かない、ということを基準に、
メンテナンス(清掃)をしている。
なぜなら、精密なレーシングカーを作る場所に、
ゴミがあっちゃいけない、と思っているから。
一方、キューバの街で生活する人は、

もっと昔に、
今より不衛生な
境遇で生活をしていて、
それに比べたら、格段の進歩で、
幸せだと思っている。
結局、人間が思う、キレイだとか、清潔だとか、
片付いている、というのは、人それぞれの基準。

増田は、
「世界一の企画会社を目指す」ということにおいて、

自分がプレゼンする資料について、
プロジェクターの照度や、ピントや、
音を使う場合には、その音の大きさなどに、
細心の注意を払う。
なぜなら、
「世界一」のプレゼンをしたいから。

だけど、そういう意識のない人は、

増田に注意をされても、
なぜ、プロジェクターの照度やピントが甘いことについて
怒られているかわからず、毎回同じことを繰り返す。
結局、基準というのは、
個人や、チームや、会社が目指す方向によって、
決められるものだと思う。
これが、会社の価値というものだと思う。

2014年5月××日

未知との遭遇

人間には向上心がある。
努力することも日本人は好き。

だけど、戦略的に、
自分の成長を仕掛ける工夫に欠ける。

どんなに頑張っている人でも、
人間には、知らないことがある。

知ってしまえば自分の知識になるが、
知らないとそのまま。

増田の人脈も、最初は全く知らない人。

自分でつくった人脈はほとんどなく、
ある人に紹介してもらって知り合った人や、
パーティーなどで突然出会った人がほとんど。

つまり、

自分の努力じゃ人脈はできないということ。

今週、月曜日は、
とある人の就任パーティーに参加。

そこで、国会議員さんや、著名な人を
たくさん紹介された。

また、火曜日は、とある上場会社の取締役会。
増田は上場会社の社外役員を数社と、
非上場の会社の社外役員を数社引き受けている。

自分が社長として経営しているわけではないので、
まさに「社外」の立場で参加。

会社の成長や業績について、
責任を持つ取締役として、
会社に貢献するのが本筋だけれど、
学ぶことも多い。

つまり、
全く知らないことを知る機会になっている。

社内で与えられたミッションを
達成することを考えると、

社外の取締役をしたり、
他社の社長就任パーティーに出るのは
一見無駄なことのように思うけれど、

実は、
「知らないことを知れる」ということについては、
最も、効率的な方法。

そして、そのことは、
自分のミッションを果たすためにも
実は、最も必要な情報になったりする。

つまり、
未知との遭遇がないと、
自分の成長も、会社の成長もない。

だから、世界一の企画会社を目指す。

CCCの行動規範でも、
「会社にいるな、世の中にいろ」と言っている。

2014年10月××日

未知との遭遇/

社員にとっての
未知との遭遇

社員にとっての「未知との遭遇」。

新入社員にとっては、
CCCで働くことのほとんどが、未知との遭遇。

会社のルールや、営業体験、
店舗での接客や、アルバイトさんの指導、
商品の発注や、在庫管理、
会議への出席、報告書の作成、
DBへのアクセス、企画書の作成、
出勤簿の入力　など。

だけど、

毎日が未知との遭遇の日々も、

一ヶ月も過ぎると、
すべては知っていることの範疇に。

未知との遭遇は終わりを告げる。
そこから慢心が始まる。

あるいは、もっといろんなことを知りたいと
あらゆることに興味が湧く。

増田は、自分の経験でいうと、

若い時から、企画はできるけれど、
マネジメントの仕事に自分は向いていない、

と自分のことを思っていた。

しかしある時、
マネジメントの仕事を任され、
意外と自分にリーダーシップがあることに気づいた!?

そんな経験をベースに、

いろんな職種を社員が経験できるように、
いろんな事業を展開し、
また、若いうちに一度は社長をやってみることが、
仕事のできる人間になる早道だと、
それらの事業を早い段階で分社して来た。

会社で、いろんな仕事ができることも、
いろんな人に出会えることも、
未知との遭遇。

多くの未知との遭遇が出来るように、
いろんな事業にも企画会社として取り組んで来た。

そんな未知との遭遇ができる会社は、
実は仕事の選択の幅の広い自由な会社に
なる道だと思ったし、

世界一の企画マンになる為に必要な経験が、
できるだけグループ内で実現できるようにと。

CCCで働くことが、

いつまでも社員にとって「未知との遭遇」であり、
楽しい人生であるように。

だけど、やったことの無い仕事でお金をもらうことは
いつも、とても大変で、苦痛を伴うけど、

ボクサーが勝利の美酒を飲むために、
厳しい練習をしていることを思えばなんてことはない!!?

2014年10月××日

わかっているけど、
できないこと

整理整頓

整理とは、いらないものを捨てること。

いらない資料や、いらない本があると、
必要な情報がすぐに取り出せない。

オフィスも乱雑になるし、
気持よく仕事ができない。

だけど、こんなことは誰でもわかる
当たり前のこと。

だけど、実行するのは難しい。

なぜなら、
ボロボロの手紙や雑誌など、
一見ゴミに見えるものも、

会社にとってすごく大事な資料だったり、
ある人にとっては、宝物のような手紙かもしれないから。

だから、オフィスの整理は、
アルバイトや、一般社員にはなかなか出来ない。

大事かどうかの判断ができないから。

だから、整理整頓は、
トップが一緒にやらないと出来ない。

しかし、整理整頓を一番下の人に任せるから、

結果、大事なものが捨てられたり、
捨てて怒られるのを嫌がって、
整理ができないかのどちらかになってしまう。

整頓も同じこと。

必要なものをすぐに取り出せるようにすればいい、
と誰もがわかっている。

だけど、必要な情報の範囲がわからないと、
どの分野の情報を集め、

整頓したらいいかがわからない。

で、とりあえず同じ情報を、
いろんな人が保管する。

書籍や雑誌も同じで、
いろんなセクションに散在している。
誰かが必要な情報を規定し、
その分類方法を決め、
そして役割分担を決めないと、

情報はすぐに出せるようにはならない。

社長室では、
購読する雑誌を決め、置き場所も決め、

その管理を誰がするかまで決めている。
オフィスの空間がすっきりするように、
それぞれのスペースも担当者を決め、
その人が、判断していいようにしている。

結果、メンテナンスも行き届き、
必要なものが必要な時に出せるように。

だけど、企画のためのデータ管理については、
とりあえず保管するレベルに留まっているので、
すぐに取り出せるように、現在企画中。

要は、組織のリーダーが、
仕事をしやすい環境をつくろうと思っているかどうか、
の「執念」の問題に突き当たる。

夢しか実現しない、という夢に、
仕事のしやすいオフィス、が入っているかどうか。

2014年11月××日

行動規範シリーズ／

会社にいるな、
世の中にいろ

最近、会議での増田の発言は、
いつも怒りモード!?

理由は、何か新しい企画を、
「もっとこうしよう」、という生産的な会議ではなく、

こうです、ああです、ということを、
延々と発表者が話したり、

現場の責任者が、これしていいですか?
と承認を取りに来たり、

つまり、増田を共犯者にしようと企んで。

情報共有なら、事前に資料を送ってくれれば
ことは足りる。

企画会社の会議は、

いろんな経験をしている人が集まって、
もっとこうしたらいいと、
みんながアイデアを出す会議が理想。

そのためには、いろんな人から意見を聞くべきで
発表者の時間は短ければ短いほどいい。

先週の二子玉川のアドバイザリーボードも、
CCCからの発表は極力少なくし、

皆さんの意見を引き出すことに注力した。

土曜日は、誰もが知っている

会社の社長とゴルフをし、
その後、湘南T-SITEの現場に。

日曜日は、海外の有名ブランドの家具の
メーカーさんとお茶をしたり、

トレーニングを兼ねて、
六本木ヒルズや、増田の行きつけの百貨店が
主催する顧客向けのイベントに参加したり。

夜は王将でゴハンを食べたけれど、
会社では絶対に得られない、
現場の情報が得られる。

今営業している会社の状況や、
担当者の性格や信念など。

企画会社が企画をするというのは、

新規事業の企画が多く、
新規事業というのは、
新しい市場と、新しい商品、新しい企画によって
事業化されるもの。

つまり、お客さんや商品を、

知っておかないとできない。

だから、会社にある情報なんかでは
企画は生まれるはずもない。

だから、世の中にいろ、と。

2014年11月××日

ありがとうと言われる仕事をする

仕事の2つの側面。

商品が売れないと、食っていけない。
だから、必死で営業マンは商品を売ろうとする。

もうひとつの側面は、
その商品がないと生きていけない

あるいは、その商品がないと人生が楽しくない、

という理由で、お客さんが商品を買う。

結果、社員は生きていけるし、
お客さんも幸せになれる。

商売の本質とは
そういうWin-Winの関係。

だから、増田は、
レストランで食事をした時に、

「ごちそうさま」と必ず御礼を言うし、

なにかをしてもらった時、
タクシーを降りる時にも「ありがとう」と一言声をかける。

お金を払っているから当たり前だと思わずに。

しかし、

資金繰りに困ったり、
それを売らないと予算が達成されない
という状況におかれると、
お客さんのことを考えずに、
商品を売ろうとする。

そのためには、何でもして商品を売る。

買ったお客さんは当然幸せにならないし、
二度とその人から買おうとはしない。

CCCは、お客さんの役に立つ商品を売りたい。

そのことで、CCCのファンになってもらえれば
また、次の商品も買ってもらえる。

商品を売るということは、
お客さんを幸せにすると同時に、
CCCのファンを作るという行為にもなる。

ファンになってもらえれば、
次の商品も売りやすい。

だから、ありがとうと言われる仕事をしたい。

そういう努力をしていれば、
結果、会社も儲かるし、人も育つようになる。

お客さんの犠牲の上に
会社の成長も、個人の成長もない。

お客さんの「ありがとう」の一言が、会社の財産。

2014年11月××日

バッドニュース
ファースト

増田とよく一緒に仕事をする社員が、
よく勘違いすること。

増田の価値観や仕事のやり方を
理解できないので、どんな社員も、
最初は増田の様子や顔色を窺う。

増田は、そういうことは
仕方のないことだと、実は気にならない。

ちょっとやそっとでは、
増田の仕事の仕方や価値観の本質は
掴めるもんじゃないので、
徐々に理解してくれればいいと思っている。

増田が一緒に仕事をする社員によく怒るのは、

悪いニュースを隠していたり、
大事な情報を止めていたりすること。

もらった情報を自分なりに咀嚼したり、
理解できるまで自分の手元に置きたがる社員がいたら、
その間、周りの人は考える時間を奪われる。

常に、周りの人が仕事をしやすいように、と
考えることができていたら、
バッドニュースは一番先に言うだろうし、
いい情報はすぐにシェアするはず。

それができないのは、
考えが自分のことにしか及んでいないからだと思う。

バッドニュースファーストのできる人は
意外と少ない。

2014年12月××日

結果＜原因
の意味

売上を上げようと思っても上がらない。
もっと儲けよう、と思っても儲からない。

ゴルフと似ている。
ゴルフは、ボールを高くあげようと思えば
打ち込まないといけない。

遠くへ飛ばそうと思ったら、
チカラを抜かないと飛ばない。

つまり、結果は原因によって生まれる。
結果を求めても、結果は生まれない。

お客さんの名前を覚えて、
お客さんが来られた時に名前で呼べば、
お客さんは喜んでくれる。

欲しいモノがあれば、
お客さんは買う。

行きたい店を作れば、
お客さんは来る。

これらをしないで、
売上を上げようとか、
利益を出そうと思っても、無理。

こんな単純なことを
ついつい人は忘れてしまう。

足元には、いろんな無駄があるのに、
その無駄をなくそうとせず、儲けようとかんがえる。

無駄をなくせば自然と利益は出るのに。

だから、増田は
朝オフィスに出勤するときに、
毎回お店を通り、
満面の笑みで、おはよう、と明るい声でお店の人に挨拶をする。

挨拶をしてもらった人が
一日気分よく仕事ができるように。

そういう気分になった時に
初めてお店に来られたお客さんに、
いい接客ができると思うから。

そういう原因づくりをして
はじめて、お店は栄える。

2015年5月××日

決断

先々週、広報から、
NHKのテレビ番組に出演して欲しい
との連絡があった時に考えたこと。

確かにNHKに出られたら、
会社の宣伝にはなるけど、

宣伝になるということの意味は、
裏を返せば、

変なことになったら、
会社のイメージを傷付け、
会社や取引先の仕事に影響するリスクもある。

例えば、渋谷のハチ公前で店をつくるときも、
場所はいいから目立ち、
確かに、いい店ができたら
TSUTAYAのブランドイメージはあがるけど

逆にいい店ができなかったら、
TSUTAYAのイメージは下がってしまうリスクがあった。

そんな時に、
やるか、やらないかを決めるのは、
計算では判断出来ない。

計算しても、答えは出ない。

どんな番組になるのかなんてわからない。

結局、「まぁいいか」、と開き直る。

つまり、自分を信じて。

手を抜かずに、
一生懸命やってきたんだから、
たとえ、変な番組になっても仕方が無い。

もしそうなっても、
TSUTAYAの加盟企業さんも
諦めてくれるに違いない?

動機が正しいかどうか。
自分を信じられるかどうか。

正しいことを一生懸命やって、
結果が悪かったらしょうがない。

人の決断は、
そんなふうに、動機の正しさや

誠心誠意、努力すること
自分を信じられるかどうかというようなことで、
決断されていることが多い。

今日も、たくさんの会議に出ていると、
儲かるとか、会社のイメージをあげるとか、
人が育つ、とか、

何かを計算して決めていることが多いけれど、

本当の決断というのは、
答えがないし、計算もない。

えいや、の世界。

そういや、結婚もそうだった。
自分を信じるしかない。

つまり、自分を信じられるかどうか、
毎日の生き方に、
いい決断が出来るかどうかの答えがある。

2015年6月××日

選んでいるようで、
実は選ばれている

昔、新卒採用の面接を
増田自身がやっていた頃に思ったこと。

新入社員の面接とは、
会社に入りたい、と思う人を、
偉い人が選ぶ、と思いがちだけれど、
実は逆。

新入社員は、いろんな会社を訪問し、
自分の人生を賭ける会社を選んでいる。

だから、会社が選んでいるようだけれど、
実は選ばれている。

選ばれる会社でないと、
いい人は入ってこない。

単に生活を安定させるための就職、を
しようという人には入ってほしくない。

今日も、とあるプロジェクトで
デザイナーを選ぼう、というテーマがあった。

確かに、今のCCCはプロジェクトをやるといえば
いろんなデザイナーが応募してくれる。

デザイナーにとって、いい仕事ができると
代官山や二子玉川のお店を見て、
勝手にそんなイメージが持たれている。

だけど、
売れっ子のデザイナーは忙しく、
彼らこそが仕事やクライアントを実は選んでいる。

だから、彼らに選ばれるような
お願いの仕方や、コンペの準備が必要なのに、

どのデザイナーを選ぼうか、と
デザイナーの力量を比較して、
会議は終わってしまう。

もっと優秀な人や優れたデザイナーから
選ばれる会社にならないといけないのに。

今日昼間に、音楽のビジネスについて
アドバイスをもらおうと、
有名なアーティストの所属事務所の社長や
レコードメーカーの社長や
超有名な音楽プロデューサーなどに
集まってもらった。

音楽の未来について議論をしたいと
お願いした人が、100％集まってくれる。

これも彼らに選ばれた結果。

CCCに魅力がなければ、
誰もお金儲けにならないような
会議に出てはくれない。

選ばれる努力。
すぐにお礼状を、心から
今日出席してもらった人に書いた。

2015年7月××日

信頼されたい、

と
思う心にエゴ

信頼されるように、
努力している、という人がよくいる。

また、人から信頼されるための
マニュアル的な記事もよく見る。

だけど、
「信頼されたい」と思う心の
どこかに潜むエゴが見える瞬間。

信頼とはなにか?
と考えてしまう。

人から信頼されるということは、
人生において、すごく重要だと思う一方、
信頼されようと努力する心のどこかに、
信頼されて達成するゴールがエゴなら、
信頼されることも意味がないのでは?とも思う。

そんな安っぽいエゴの延長線上にある
信頼なんかに価値はあるのだろうか。

もっと真摯に、人が生きる過程で、
人から見てその姿勢が素晴らしいとファンができ、
その人の言うことなら聞いてみよう、

あるいは、
約束を果たそう、と思うような、
神々しい生き方の延長線上に、
信頼というものは存在してほしい。

自分のエゴのために、
人を巻き込んだ結果としての
信頼関係なんかに、
力はあるのだろうか?

長続きするのだろうか?

ふと、信頼について考えた。

2015年7月××日

期限の
利益の
喪失と、

犠牲者

最近社内でよく見かける光景。

社内でも社外でも、
いろんなイベントや店舗の企画をやろうとしているけれど、
どうしても担当者は、自分で情報を抱えがち。

いい形にして発表しようとするから、
どうしてもギリギリまで、アウトプットしない。

例えば、
会議の前の資料の配布や、
人事関係のイベントの案内も、
「直前になる」ことが多い。

その原因は、
相手のことを考えないからだと思う。

相手の立場に立てば、
「早く」イベントや企画の案内をもらって、
考える時間や検討する時間が欲しいのに、
そういうことに配慮がなく、「直前に」知らされる。

企画をし始めてから、
関係者に連絡するまでの時間が2週間あるとしたら、
半分の1週間は、自分で考えればいいけれど、
少なくとも同じ時間を、相手にも与えるべき。

しかし、2週間まるまる自分で情報を抱えて、
当日に相手に情報を投げる。

相手への配慮がないのはもちろん、
自分がアウトプットする企画やイベントの
プレゼンについて、周りの人によく思われたい、
というエゴの結果。

そして、周りの人は「期限の利益」を失って、
結果、犠牲者になる。

それは社内だけではなく、
外部のお客様との間にも起こりがち。

パーティーやイベントを考えて、
企画してお客様を呼びたいなら、

企画内容そのものより、
早くスケジュールをあけてもらう連絡をして、
それから企画をすればいいものを、
企画が煮詰まるまで、お客様に連絡をしない。

結果、せっかくのいい企画も、
先約によって、
お客様は来られないという、不利益が発生する。

先に言っておけば来て頂けたものを。

こういう早く言っておけば、
失うことのない利益を
「期限の利益」と言うが、
いつも担当者のエゴによって失われる。

もっと、お客さんを中心に考える文化を
根付かせないといけないと、毎日のように思う今日この頃。

2015年8月××日

顧客のいうことを聞くな、
顧客のためになることをなせ

昔、増田個人の持株会社にいた、
元社員から連絡があり、

ある人が増田に会いたいと言っているが
会ってくれますか?と。

聞くと、とある業界の一番企業で
上場している会社のオーナー社長。

しめしめと思い、会ってもいいよと返事をしてから、
ところでTポイントに興味がある?と聞いたら、
「全くない」、と即答。

先日、某競合の会社から提案を受け、断ったところだし、とのこと。

増田はいつも、
いい話の時は力が入らない。

絶体絶命の時にこそ、力が入る。

営業で言えば、
提案した内容にNOの返事をもらった時から
スイッチが入る。

どんな会社の社長でも、
やはり相手をおもんばかって、
他人の話を笑顔で聞いてくれる。

それは、内容がいいからではなく、
相手に不愉快な思いをさせたくない、という配慮から。

そういう意味では、本音ではない。

相手にNOをいうときが本音の時。

ここからコミュニケーションが始まる、と
増田は思っている。

なぜNOなのか。
相手にとって、価値ある提案を
新しく考えられないか、

価値ある提案を考えられて
その提案内容が相手に伝われば、

答えはイエスしかない、と思うから。

だから必死で、相手のためになる企画を考える。

つまり、NOと言われて
諦めるのではなく、
相手のためになることを考える。

CCCが企画会社として生きていくには
この道しかない。

相手の言うことを聞かず、
相手のためになることをなすだけ。

2015年9月××日

約束と感謝

「約束と感謝」。

創業以来、約束と感謝を大切にしてきた理由。

創業したての頃は、会社も小さく、
信用がなかったので、
誰も相手にしてくれなかった。

だから、相手にしてもらえるような会社になるように
例えば、請求書が来たらすぐに全部支払うようにしていた。

納品伝票と突き合わせていると、
時間がかかるので、
来た請求書はすべて払っていた。

だから、家には過払い通知がしょっちゅう来ていた。

小ちゃい取引先は、
CCCが支払いを遅らせると
会社が潰れてしまう。

そうすると、会社の社長はもちろん
社員も生活の糧を失い、家族も生活に困窮してしまう。

そういうことがないように
必ず約束した日に支払うことに全力をあげていた。

社員に対する給料も同じ。

何かの手違いで給料が遅延したりしたら、
社員はローンが払えなかったり、
借金が返せなくなったりして
個人の信用が失われる。

結果、借金ができなくなったり、
クレジットの利用ができなくなったり、
生活に支障を及ぼすことになる。

だから、給料は絶対に遅れないようにしてきた。

だけど、会社が大きくなって、
結果、信用もできると、
いろんな会社から取引をしたいと列ができる。

CCCの社員は、
発注することが仕事になり、
信用をつくろう、とは誰も考えなくなる。

だけど、小さくても大きくても
約束を守らないと起こる現象は同じ。

社内では「手続きミス」で片付けられることも、
相手にとっては生存に関わる重大な問題だったりする。

たまたま、CCCがお付き合いしている会社は
経営が逼迫していたり、
資金繰りで四苦八苦している会社は少ないので、
そういうことには無頓着だけれど。

信用は、作るのに長い時間がかかるけれど、
失うのは一瞬。

増田が「プロフェッショナル」の番組で
伝えたかったのは、

そういう信用をつくるという努力の結果、
信用ができたのであって
信用というものをつくろうという文化がなくなると、
本当に信用はなくなる。ということ。

会社の大小ではない。

そこで働く人の考え方がとても大事だし、
そういうことをわかってもらおうと、
テレビに出演した。

これからも、
CCCが信用される会社であってほしいと。

2015年11月××日

第 5 章

心象風景

オヤジの法事

先週金曜日は、枚方の実家に帰り、
土曜日は「オヤジの法事（17回忌）」でした。

オヤジは、17年前の5月17日に心筋梗塞で
68歳の生涯にピリオドを打ちました。
その時、増田は通産省の会議で東京にいて、
通産省の人から会議中に「電話です」と言われて、
電話に出た時に救急車で運ばれたことを、初めて知りました。
急に、頭の中が「白紙に」なってしまったけれど、
新幹線に乗って枚方を目指しました。
新幹線の中では、席に座っていられなくて、
連結部分に立ったまま過ぎ行く風景を窓越しに見ていました。
若く怖かった頃のオヤジや、
TSUTAYAを始めてから見てくれていたやさしいオヤジや
いろんなオヤジが
走馬灯のように頭の中をめぐり、涙が止まりませんでした。

この混乱の中、家族はどんな風に対応しているんだろうか？
お袋は大丈夫だろうか？
病院の手配は出来たのだろうか？

心配と、自分が新幹線の中にいて、
こんな時に家族の役に立てない悔しさで
また泣けてきました。(これを書いていても泣けてくる)

葬式は、地元の「枚方会館」で
大勢のCCCのスタッフに運営を手伝ってもらい行いましたが、
TSUTAYAの加盟企業さんを中心に
1000人を超す弔問客で、枚方会館始まって以来の人数と言われ、
何か誇りを感じたりもしました。

そんな17年前の出来事を思い出しながら、
先週末は枚方に帰りました。
法事の当日は、
朝11時から家族や親戚(オヤジの関係、お袋の関係等)で、
久しぶりに20人以上の親戚が集まりました。

増田は昔から「法事」という日本の風習や制度は
良く出来ていると常々思っています。
人が亡くなると、
お通夜、お葬式、初七日、四十九日、
一周忌、三回忌、七回忌、十三回忌、
そして今回の十七回忌と故人を偲ぶ習慣があります。
法事に限らず、
増田の母方の親戚は「お盆と正月」にも必ず本家に集まります。

一方、父方の方はあまり制度を重んじず「自由型」で、
ランダムにしか集まりません。
いずれにしろ、法事に限らず結婚式や日本の古い習慣は、
血の繋がった家族、親戚が「仲良く暮らす仕組み」だと思います。

こんなことがないと、親戚が集まる機会も少なく、
自然と人間関係が疎遠になってしまいます。

増田の場合、
小さい時にいろんな親戚のおじさんや
おばあさんの生き方を自然に見て育ち、
「あんな風になりたい」とか「あんな風にはなりたくない」と、
生き方のモデルとして親戚の人を無意識に見ていました。
今、増田も56歳になり、
甥っ子や姪っ子から見たオジサンの増田が、
彼らの生き方の参考になればと、
彼らと接触の機会を意識的に作っています。
それが増田の56歳の責任だと思うからです。

2007年5月××日

日販さんと

　　　　　CCC

朝8:30からTSUTAYAの定例会の後、
10:00から12:00までCCCの経営会議がありました。
今日の経営会議では、重要な意思決定がいくつか出来たことと、
「CCC（持株会社）のあり方」について、
意味のある議論が出来ました。
すなわち、「上場している持株会社」と、
「世界一の企画会社を目指す持株会社」のあり方について
議論が出来ました。

その後、事業推進室と社長室のメンバーと
雑談をしながらランチをし、
MKS（マーケティングソリューション）グループの未来について
ブレストをしました。

14:00からは水道橋の東京ドームホテルで開かれた
日販さんの「懇話会」（TSUTAYAでいうところのTOC）に、
日販の役員として出席してきました。
冒頭、古屋社長が挨拶をされ、その後、
日販の物流戦略「王子ネクスト」と
書店支援のCRMシステム「Honya Club」について、
それぞれ担当者から説明がありました。

出席者は、日本の有力書店の社長さん
（TSUTAYAの加盟企業さんも
たくさんお見えになっておられました）と
日本を代表する出版社の社長さんで、
こういった方々に日販の中期戦略をお話になりました。
休憩の後、伊藤忠の前社長の丹羽さんのゲスト講演、
その後は懇親会と、
TOCとほぼ同じ構成でした。

「日販さんとCCCの歴史」は古く、
まだCCCがTSUTAYAと店名を統一する十数年前、
店舗数もまだ100店舗に満たない頃、
関西で、CCCが手伝ったお店と、
当時日販さんが独自に展開していた店舗とが、
向かい合わせでほぼ同時にオープンしました。
しかし、CCCが協力した店にはお客さんが溢れ、
日販さんが手伝った本屋さんのレンタルコーナーにはお客さんが、
ほとんどいらっしゃらなかったようです。

その状況を見た当時の商品開発部長の鶴田さんが、
「どんな会社が、後ろにいるのか?」ということで増田に連絡があり、
当時日販の商品開発部のあった水道橋に、
増田一人でおじゃまをしました。
そこで、増田は「本屋さんの将来(マルチパッケージになる)、
現在のTSUTAYA(生活提案)のコンセプト、
CCCは企画会社を目指している」等の話をしました。
その話を理解してくれた鶴田さんは、
すぐに「日販と一緒に仕事をしよう」とおっしゃり、
次の日にアポをとって、
御茶ノ水の喫茶店ルノワールでお会いました。
その時に鶴田さんは新聞の折込広告の裏にエンピツで、
業務提携の契約書の下書きを書いて持って来てくれました。
第一条……等と。
だけど、その契約書はチラシの半分くらいのところで終わっていて、
鶴田さんは「後は、増田君が作ってくれ」と一任されてしまいました。
続きを増田が書き加えて、
それを村井君が当時珍しかったワープロで打ってくれ、
製本したものが今日に続く、
日販さんとCCCの業務提携の始まりでした。
今からちょうど20年まえの1986年のことです。

コンセプトは、情報共有社会への変化の中で、
メディアは本だけでなく、
デジタルメディアの時代になることと、提供方法も販売だけでなく、
レンタルや中古も含めた多様な提供方法になると。
すなわち、文化(カルチュア)を
もっと手軽に便利に(コンビニエンス)楽しめる市場が
新しく生まれる時代に、
CCCは「TSUTAYAというプラットフォームの企画と
それをサポートするシステム」を、
日販さんはそれを支える
「物流とファイナンス」を受け持つという
「基本的な約束」をその時にしました。
みんな何でも自分でやりたがる企業が多い中で、
鶴田さんにそういう日販社内の声を
説得していただいたおかげで、この契約が日の目を見たし、
今日のCCCは存在します。
結果、昨年CCCにあった物流会社NSSも
日販さんに株式の51％を持ってもらい、
紆余曲折あったものの、当初の約束を果たすことができました。

増田が日販さんとの関係の中で最も大切にしたのは、
「基本的な契約のコンセプト」と「人間関係」でした。
鶴田さんは、契約直後に重要な経営幹部の人を
すべて増田に紹介してくれました。
また、肝心の現場（全国の支店の半分以上）に、
二人で説明に行きました。
これから世の中はどう変わるか、
その中で書店はどう変わらないといけないか、
そして、CCCには何ができ、日販さんには何をして欲しいかを、
仕事の終わったそれぞれの支店の食堂や倉庫で、
関係者に集まってもらって、
黒板を用意してもらい、
増田が袖を真っ白にしながらチョークで書きながら
マイク無しで声を張り上げて何度も同じ話をして、
CCCファンを創る努力を重ねました。

また、鶴田さんが将来を見据えて強化した
商品開発部の初期のスタッフ
(やや変わった人の多い荒くれ者集団?)の皆さんと
CCC幹部との合同合宿の企画をし、
伝説の「練馬合宿」が実現しました。
当時のメンバーの一人が、MPDの吉川社長です。
また、日販さんのイベントで最初に増田が講演させてもらったのは、
今から20年前の「日販懇話会」でしたが、
その日販懇話会に、今日増田は「日販の役員の名札」を付けて
出席しました。
その時の増田のメッセージは、
まだ「ビデオ＝アダルト」の時代に、「ビデオは本」、
CCCは「本のない紀伊國屋書店を作る」ということでした。

今日は、昨夜の二日酔いで、早く帰り、疲れを取りたいと思います。
明日は、IMJ、キタムラさんの役員会に出席後、
夕刻ゲストハウスに
Tポイントアライアンス先の候補企業さんの社長を迎え、
北村君とプレゼンがあります。

2007年5月××日

「父の日」の夜

今日は朝からニンニクの臭い!?

昨日(日曜日)の夜、
息子と二人で近所の焼肉の「叙々苑」に行きました。
枚方の家族からも息子に指令があったらしく、
増田の好きなコブクロの「CD」
(わざわざオヤジに気を遣ってTSUTAYAで買って来てくれました)
と「楽譜」を「父の日のプレゼント」としてもらいました。

最近、増田は「シャッフル」にカラオケ用の楽曲を入れて、
夜歩いて会食場所から自宅まで帰ったり、
自宅でトレーニングをするときに聞いて練習?しています。
今年も夏休みにハワイに行く予定があり、
きっとカラオケを歌わされると思うので
その準備にコブクロの、
前に入れてもらった藤原紀香の結婚式で、
陣内が歌った「永遠にともに」に加え、
新たに「桜」を息子にシャッフルにいれてもらうつもりです。

増田の息子は、
ちょうどTSUTAYAを始めた「1983年」に生まれました。
また、姉の長女はその1年半前に。
いずれにしろ、
脱サラで会社を始めた訳で生活に余裕はありませんでした。
TSUTAYAの事業を始める時に借りた
借金を返すのに必死でした。
増田が尊敬する寝屋川の伯父（母の兄）から、
「借金は人を嘘つきにする」と
いつも言われていたので、早く無借金になりたかった。
だけど、一号店が成功すると、
ライバルの出店に対抗するためにまた借金をしてしまい、
会社は黒字なのに会社の成長と合わすように
借金は増えていきました。

そんな繰り返しの生活の中で、
子供達の面倒を見る余裕はありませんでした。
新潟に出張した際に、トップカルチャーの清水社長から
「一家を治むる者、天下治むる」という格言を教えてもらいました。

今でも増田が好きな人に、色紙として書くこの言葉の意味は、
家族を幸せにしようと思えば、「お金」が必要で、
そのためには、独立した場合は「事業で成功」しないといけない。
（失敗したら、家族が路頭に迷う）
一方、事業の成功は、「家族の支援」がなければできない。
家族のことを心配しながらでは、仕事はできないから。
だから、家族の幸せを実現しないと、事業も成功しない、
というものです。

だから、増田は事業を成功させる努力と同じくらいの努力を、
家族が安心できるようにしてきましたが、
子供達に対して時間を取るより、仕事を優先したので、
愛情は母親に任せ、
増田の責任は生活に困らないようにお金を家庭に入れることと、
オヤジがしてくれたように、
大事なタイミングで
子供達に「思い出」を作ってあげることだと思っていました。

増田の親父は小さい頃欲しかったローラースケートや、
母親が反対するピストルのおもちゃもこっそり買ってくれました。
（ピストルを買ってくれたのはオフクロだったかも？）

高校生の頃にはステレオを、
大学生の頃にはあまり経済的にも余裕がなかったのに
免許取立ての大学生に、財布をはたいて自動車
（トヨタのカローラスプリンター）を買ってくれました。
増田は、そんな親父が大好きでした。

増田が物心がついてからの親父は、

何を相談しても、何を頼んでも何でも
答えは「おー」とか「あー」でした。
つまり、どんな場合でも、
息子の言うことに「ノー」と言わないOK父親でした。

就職で東京に住まいを移す時も、
結婚する時も、会社を辞める時も、
TSUTAYAを始める時も会社作る時も、借金をする時も。
だから、
何でも「自分で考え、自分で決めないといけない人生」になりました。

そんな親父も68歳の時に亡くなって、今年で17回忌を済ませ、
増田も56歳になりましたが、
この年になってそんな親父を振り返ると、
親父のお陰で今の自分があるとつくづく思います。

自分の子供達にも「思い出」をと、
子供達の運動会や父親参観には出来るだけ出席しましたが、
娘の幼稚園の父親参観日には、
娘が誰が父親かすぐに発見できずに
あせった!?こともありました。

今日は朝からTSUTAYAの役員会があり、
午後はTC&M（Tカード＆マーケティング）の経営会議と営業会議、
その後増田が社外役員を務めている
上場会社の役員会が銀座であり、
夜は定例の社外の経営のプロ?との食事会が恵比寿であります。

2007年6月××日

鈴屋の鈴木会長から

お手紙が

今朝は、8時30分から木村・日下定例会の後、
CCCグループの経営会議があり、
その後ランチタイムには経営陣とブレストをしました。

午後からは、
ドッグデイズの定例会が東京ミッドタウンでありました。
報告によると、CCCグループ社員みなさんの協力もあり、
深沢店の売上は開店以来の新記録だったらしく、
前年対比236％で、店舗の利益も過去最高となりました。

また先日、
増田がサラリーマン時代に10年間お世話になった
ファッションの株式会社鈴屋の鈴木オーナーから、
直々に「お手紙」をもらいました。
光栄にも「久しぶりに会って食事でもどうか?」との
お誘いの手紙でした。

増田が新入社員の頃、
当時雲の上の社長である鈴木オーナーと初めてお話をしたのは、
軽井沢のベルコモンズのオープン直後に、
ベルコモンズ成功の慰労として、
旧軽井沢のレストランでステーキをご馳走してもらった時でした。
あまりの緊張とベルコモンズでの激務と、
当時飲んだこともないような高価なワインのせいで、
いきなり睡魔が襲い、寝てしまったこと?を思い出します。

そんな鈴木オーナーもお手紙によると82歳になられ、
増田がお世話になっている財界の方たちから
増田の噂をお聞きになり、ご連絡をいただいたのだと思います。

増田にとっても鈴木オーナーには
鈴屋での経験が今日の増田を育てた、と感謝の気持ちしかなく、
その感謝の気持ちを代官山のゲストハウスでお返ししたい、
と今から準備が楽しみです。
当日はCCCの会社案内も兼ねて、
鈴屋出身者の紹介もオフィスで出来ればと考えています。

増田はまだ56歳ですが、
当日は23歳から32歳までの丸10年間の鈴屋での
経験を冷静に振り返る機会にもなると思い、
息子に加え、Cキャスの教育の担当者や、
この週の増田のかばん持ちのNEOの菅沼くんも
スケジュールが合えば同席してもらおうと思っています。
プライベートの食事会なので。

2007年9月××日

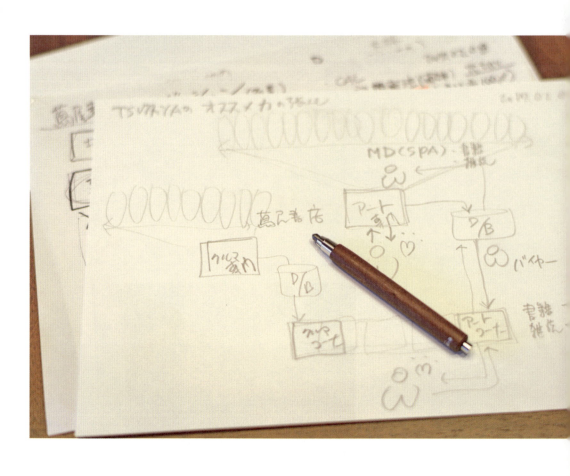

「学ぶ力」と、

軽井沢ベルコモンズ

人の人生を決めることになる決定的な経験というのが、
人それぞれにいくつかあると思います。
増田の場合、大学を出て初めて社会人になって任された
現在でも軽井沢の旧道の真ん中にある商業施設
「軽井沢ベルコモンズ」の経験がそれです。

増田が、鈴屋さんに新入社員として入社し、新規事業を
開発するために新しく設置された「開発事業部」に配属され、
青山ベルコモンズのプロジェクトで働いているときに、
軽井沢店のオーナー（地主）さんから鈴屋に、
現在のベルコモンズのある場所の再開発の依頼があり、
担当者として新入社員の増田が役員から指名され、
地主さんに会いに行きました。

軽井沢銀座のど真ん中にあった地主さんの住宅を取り壊し、
天皇陛下と美智子さんが出会った軽井沢のテニスコートまで
突き抜けた物件は素晴らしく、すぐに再開発の計画がスタートし、
その企画責任者に増田が任命されました。

翌年、新入社員が二人、開発事業部に配属され、
増田の部下となり、3名にプロジェクトは強化されましたが、
そのうちの一人が今日、懐かしい軽井沢の企画書を探して
持って来てくれた殿村くんです。

当時はワープロもなく、手書きの企画書ですが、
30数年前の自分の手書きの企画書を見て
なんとも言えない感じになりました。

また、軽井沢の地主さんから「久しぶりに増田に会いたい」
との伝言も殿村くんから聞きうれしかったです。

先日、ある会社の社長とお会いしたときに、
「事業責任者の任命の仕方」についてお聞きしたところ、
その社長の選択の基準は「学力」との話を伺いました。

「学力」とは学歴ではなく、「学ぶ力」のことで、
先週優勝した女子プロゴルファーの上田桃子さんにも
通じるものがあると思いました。

上田桃子さんは賞金ランキングトップにも関わらず、パットが
入らないときはパットのうまいアメリカ人の選手に聞いたり、
優勝を逃した試合の直後には先輩の岡本綾子プロに
指導を仰いでいました。
そんな風に、一番であっても「学ぶ姿勢のある人柄のこと」
をその社長は言っていたように思います。

そういう意味では、何の経験もない新入社員二人と、
入社2年目の増田が軽井沢ベルコモンズを生み出していく
プロセスを思い出しながら、
僕らには「学ぶ力」があったのかも
しれないなぁ、と苦しかった当時を思い出しました。

2007年11月××日

お袋の葬儀

12月7日午後8時10分に、母が亡くなりました。

母は、昔、
CCCの監査役をしていたので、
監査役を辞めた後も社員からは、
ずっと「監査役」と呼ばれて、親しまれていました。

9日(金)に通夜、10日(土)に告別式を、
個人葬で行いましたが、
大勢の人に参列してもらいました。

お袋のことなんで、香典や弔電をお断りする一方、
花が好きなお袋だったんで、供花は受けることにしたら、
700を超すたくさんのお花で、会場は花だらけ。

きっと、お袋は喜んでくれたと思いました。

お袋の葬儀とはいえ、
会社関係でもお袋を知ってもらっている人も多く
供花の数も考え、長い葬式にならないように
遠くから来られる忙しい参列者のことを配慮し、

本当は、母を知る社員や、
近所の人に弔辞を読んでほしかったけど、
代表焼香と、
断ったはずなのにたくさん届いた弔電の披露（数通）と、
増田の挨拶だけのシンプルな式に。

以下は、増田の当日の挨拶原稿。

『本日は、母、増田冨美の葬儀にお忙しい中、
御参列いただき本当にありがとうございます。
遺族を代表し、心より、御礼申し上げます。

母は、今月7日、午後8時10分に、永眠いたしました。
86歳でした。

母は、ご存知のように「元気で、気丈夫な女性」で、
いつものように、午後8時にお風呂に入り、
そして、湯船から上がって歯を磨いている最中に、
くも膜下出血を起こして、お風呂の床に倒れました。

もともと、頚動脈に動脈瘤があったので、
それが原因だと思いますが、10分後に救急車が到着した際には、
呼吸も心臓も停止した状態で、
救急車の中、また、救急病院で手当てをうけましたが、
帰らぬ人となりました。

翌日、検死をして頂いた医師によると、死亡時間が
8時10分でしたので、
苦しまずに、気を失うように、亡くなったようです。

「人に迷惑を掛けること、人に無様な姿を見せること、を
嫌がっていた母らしい死に様」だったと、思います。

母は、大正13年8月7日、寝屋川市仁和寺にある
樋口家の6人兄弟の長女として生を受け、
昭和21年12月8日、増田家の次男坊である私の父と結婚し、
増田姓になりました。

次男の嫁になったつもりの母でしたが、すぐに家の事情で
土建業の増田組や、置屋をしていた増田家の「本家の嫁」に
なってしまいました。

ここ枚方会館は、その父が
19年前の平成3年5月17日に、大勢の皆さんに
見送られて旅立った場所です。

父が亡くなった時は、
「自分はこの先、仕事ができるだろうか?」と、
東京から病院に向かう新幹線の中で、考えました。

それは、父が本家を継いでから、
経済的には決していい状態ではなく、
あまり「仕事に向いているとは言えない性格」の父が、
無理をして事業をしたり、
母も一緒に、あれこれとお金を稼ぐ方策をし、
疲れきった姿を見て
なんとか、父がそんなことをしなくていいようにと、
一生懸命働いてきたのに、その父がいなくなって、
同時に働く動機を一気に、失ってしまったからです。

しかし、残された母のほうがもっと
「支えを失って、大変だよ」とある人に言われ、

母に、これから生きる動機を作ろうとその時決心をし、
わざと母に心配をさせることをしたり、
東京での会社の会議に来てもらい、
会社のことに関心を持ってもらったり、

母は、その後、自分で携帯電話を買い、メールを覚え、
先日も、家の庭の紅葉を、写メールで送ってくれていました。

最近は、iPadまで自分で買い、
写真に音楽をつけて息子に見せようとまでしていた
「ITおばあちゃん」でした。

また母は、数年前から私のパーソナルトレーナーにお願いし、
毎週運動をするようになり、亡くなった当日も、
ホノルルマラソンに出る家族の応援に、
翌日からハワイに行く準備で
トランクを自分の部屋に広げ、荷造りをしている最中でした。

若い時に、苦労をしたけれど、晩年は、家族に恵まれて
幸せな人生だったと思います。

また、母には、「人を信じる力」がありました。

私は独立してから、何度も大きな失敗をしてきましたが、
中でも、衛星放送事業の失敗は、自分自身の生き方に

自信を失う出来事でした。

失敗の原因について、ある人には「あんたは、人が良すぎる」と
言われました。人に良かれと思ってしたことが、
相手の策謀にまんまと嵌められる。

それまでは、本当にお客さんに支持されないと会社は
存在しないと思い、ひたすら、お客さんや取引先にとって、
価値あることを追い求めてきたけれど、
そんな考えが通用しない世界があることを知って、
愕然とし、自分を見失いました。

そんな失敗をした自分を、咎めず、認め、
そして無言で励ましてくれました。

人を信じることの大切さを身をもって教えてくれた母でした。

母は、家族を含め、同じようにまわりのみんなを認め、
励ましていました。そんな母に、もっと認めてもらおうと、
がんばってこられました。

そして、その母も今日あの世に旅立ちます。
こんなに、大勢の皆様に見送られて旅立つ母は幸せものです。
本当にありがとうございました。

残された家族に対しても変わらないお付き合いをお願いして、
ご挨拶に代えさせていただきます。

永年の母へのご厚情、本当にありがとうございました。』

そして、無事、告別式を終え、みんなに見送られて

母は旅立ちました。

今、東京に向かう新幹線の中で、
このブログを書いています。

お袋が、僕に身をもって教えてくれた、
あるいは伝えようとしていたメッセージは
何だったんだろうか…と。

いずれにせよ、お袋は少なくとも、

僕が元気をなくしたり、

仕事をいい加減にすることは
望んでいないことは明らかなので、

明日から、まず、仕事をきちんとすることから、
新しい自分の人生を、もう一度スタートしようと。

2010年12月××日

絶望と希望

CCCデザインの仕事をやっていて、
最近感じること。
会議が、行き詰まったり、
絶望的な気分になったりすることが多い、
今日この頃。

前例がないこと、
やったことがないこと、
しかも、結果として「儲かる事業」にして、
お客さまに売らないといけない稼業。

企画会社として、
代官山のようにかっこいい空間にしたいし、
めちゃくちゃ儲かるようにもしたい。

できる人がやるんじゃなくて、
若くてやる気のある、
「できない人」にやってもらって、
人材も育成したい。
望みが多すぎて、
いつも壁にぶち当たる。
壁にぶち当たるだけならいいけれど、
時間やお金を無駄に使ってしまったり、
外部からの信用を失うことになったりして、
頭に来たり、落ち込んだり。
期限のある仕事は、

努力だけでは解決できないことも多く、
絶望的な気分になることも多い。

本当に真っ暗闇で、憂鬱で、
どうしようもない状況に、
最近毎日追い込まれている。

だけど反面、
二子玉川までジョギングをしている時に、
解決策が少し見えたり、

思いもよらない人から、
思いもよらない解決策を提案されたりして、
ふと、うまくいくかもって感じることも。

結局、希望っていうやつは、
そういう絶望の淵に立った人にだけ、
見えるものかもしれない。
恵まれた生活や、
能力以上のことにチャレンジしていない人にとって、
希望っていうのはあるのだろうか?

やったことがないことにチャレンジしたり、
本当に儲かる事業にしたり、

人も育成する、という難題を
抱え込むからこそ見える希望。

希望の大きさは、
実は、絶望の大きさに比例しているのでは、と。

そういう意味で、最近、

希望に満ちた毎日を送っている。

2014年5月××日

忙しい、

ということ

最近、テレビのCMで
哲学者プラトンの格言を見た。

「親切にしなさい。
あなたが会う人、全ては、厳しい戦いを戦っているのだから」と。

昔、同じようなことを教えられたことがあった。

つまり、忙しいという漢字は、
心を亡くしている、と書く。

人のことを考える余裕や、
気持ちが無くなることを、

「忙しい」、と言うと。

やったことのないことを、

一生懸命無理をしてやっていると、

周囲の人が遊んでいるように見え、

つい、何やってるんだ!と思いがちになり、

語気が荒くなる。

若い頃の増田も、軽井沢のベルコモンズという

商業施設を何も知らないまま必死で、頑張って作った。

つまり、経験も無く、26歳の若造が何も出来ないのに、

大きな仕事に取り組んで、テンションは高いけれど、何も出来ない。

その任された仕事の大きさを知った時に、

恐れたり、落ち込んだり。

そしてまた頑張ったり、の繰り返し。

精神的にもナーバスになり、

人に認めて欲しい、と強い甘えが出る。

若い頃は、家族や仲間に、

それが理解してもらえない時、よく感情的になった。

いろんな経験を経て、そういう甘えは

断ち切れるようになったけれど、

周りの人への配慮をする余裕を持つことは、

63歳になった今でも、なかなか難しい。

だから、忙しくなればなるほど、

プラトンの言う、「親切であれ」という
言葉の意味が、いい教えだと思うし、

何か救われた気持ちになれる今日この頃。

2014年6月××日

違和感の意味

「違和感、を大切にしよう。」

先日、
とある物件の建築コンペで、
建築家がプレゼンテーションの中で
言っていた言葉。

新しい車のデザインは、
違和感を覚えることが多い。

ガラケーに慣れていた人にとって、
スマホは違和感があった。

自転車にモーターをつけて
走ることも違和感。

ネイルサロンが初めてできた時も、
違和感があったはず。

つまり、
違和感とは、自分の理解の領域を超えた、
モノやコトに対して覚える感覚のこと。

裏返せば、
新しいことには、常に違和感を覚える。

逆に、
違和感を覚えないような生活や仕事は、
進歩がない、ということかもしれない。

成功した企業というのは、

世の中から、
最初は違和感を持たれるが、
やがて、受け入れられ、

そして、違和感を払拭し、
世の中に定着させた。

逆に、
そこで働く人は、
違和感のあることを避けるようになり、
進歩が止まる。

だから、その建築家は
成功したクライアントに
「違和感を大切にしてくれ」と話をした。

代官山に蔦屋書店を作ったときも、
自分の感覚を捨て去らないといけないほどの
違和感の連続に毎日襲われた。

理解もできないし、
段取りも組めない。

だから、お客さんを感動させる
いいものができたのだと、今になって思う。

違和感があるから、と避けていたら
実現しなかった顧客価値。

つまり、
企画するということは、
違和感を受け入れることかもしれない。

一生懸命、理解しようとすればするほど
時間がかかり、いいものはできない。

人にも通じる考え方だなと、思った。
自分が理解できる人ばかりで
チームを組んだら、いい仕事はできない。

今も、二子玉川の企画プロセスでは
違和感の連続。

ただただ、その違和感を捨て去る毎日。

2014年8月××日

メディアはメッセージ

人にものを伝える時に、
「メディア」そのものがメッセージになる、
という、マクルーハンの考えは、

メディアが多様化する現在、
ますますそのとおりになっていると思う。

マクルーハンは、

同じメッセージでも
新聞を通して伝えた場合と、
テレビを通じて伝えた場合で
伝わり方が違うと言ったのだけれど、

例えば、

人生や時間を大事にしなさいと、
ある人が言った場合と、
増田が言った場合では伝わり方が違うし、

私達はお客様の事を一番に考える、と
A社の名刺を持った人が語るのと、
CCCの名刺を持った人が語るのとでも、
伝わり方が違う。

つまり、

人や会社という主体は、
存在そのものがメディアであり、
メッセージを
内包する時代になっていると思う。

そういう意味で、

毎日の行動や、社会との関わり方が
個人も会社も大事だと思う。

メディアはメッセージ。

「増田」というメディアが発信している
メッセージはなんだろうか。

2014年8月××日

朝、起きた。

いろんな案件が
重石のように、頭の中に残ったまま。

すごくうっとうしい朝。

神が与えし
創造力

なぜか楽しくないなぁ、と思いながら
窓からの光を眺めていた。

ふと、なぜだろう?
と考える。

それは、できないことにチャレンジしているからと。

簡単に、思い通りに、物事が運ばない。

ひとつやふたつだったら、
鬱陶しくもないけれど、

それが3つになり、4つになり、7つになると
さすがにめげる。

思い出す。

代官山を作るときにやっていた
企画会議のことを。

目標は高いんだけど、
ソリューションが見えなくて、

会議が沈黙、そして、紛糾。
そして、また沈黙。

やり場のない空気感。

だけど、

中途半端なまま、
そういうプロセスを経て、

中途半端な状態でオープンをし、
スタッフが経験を積み、新しい人と出会い、
お客さんに教えてもらって、今日の代官山がある。

つまり、できないことをやると、
いつも、この始末。

この12月には、

湘南で2つ目のT-SITEがオープンする。

また、先週、

ネットの新しいT-SITEがローンチし、

何も宣伝をしていないのに、
利用者が目標を大きく上回っている。

11月のアプリ版のリリースが待ち遠しい。

そしていよいよ、来年春には、

新しい生活提案型の家電店として、
二子玉川に、

また、大阪駅の真上に、
1000坪を超える蔦屋書店がオープンを迎える。

プロデューサーの鎌田くんや、白方くん、
そして小笠原くん、もちろん増田にとっても
やったことのない大きなチャレンジ。

代官山と同じように、
辛い会議や、思い通り行かないことばかり。

そして、鬱陶しい朝を迎える。

だけど、この鬱陶しさや、

この行き場のない閉塞感こそが、
新しい光の源泉だと思うと、

何か、やっている人の顔の奥に
キリストや、マリア様が見えるような気がする。

神が与えし人間の創造力、という才能は、
苦難を以って花開くのだと最近思うことが増えた。
だから、どんどん鬱陶しいことが増えて、

うれしいような、悲しいような・・。

2014年10月××日

大切なもの

今日、誰もが知っている某FM局の
社長が来社。

音楽ビジネスの未来についてディスカッション。

増田は、30年前にはまだ
日常化していなかった音楽を、
誰でも楽しめるように、とTSUTAYAを始めた。

アーティストが作る曲の中に、
生き方、があると思っていたし、
そういう生き方をお客さんが探していると思ったから。

30年前の当時は、
音楽を楽しむ方法はLPレコード。

その中に平均10曲のアーティストの音楽が入っていて、
それを聴いていた。

その楽曲の順番は、
アーティストがつくったものだけれど、

当時のリスナーは、
ウォークマンをはじめ、
自分のカセットを作って聞きたがっていた。

だから、アーティストが編集したLPレコードを
売るレコード店ではなく、

自分で曲を編集し、
マイ・カセットを作れる
レンタルレコード店が登場し、

それをTSUTAYAのアイテムとして、
取り込んだ。

ある調査によると、
音楽を楽しんでいる人は
うつ病になりにくいらしい。

人生に悩む若者にとって
その回答をしてくれるのが音楽。

だから、尾崎豊などには熱狂的な、
若者のファン（信者）が多い。

しかし、大人になって、
自分で問題を解決できるようになると、
音楽の価値は相対的に低くなるらしい。

つまり、若者にとっては人生の教科書であり、
プレミアエイジにとっては、
人生の楽しみであり、
うつ病の防止？

だけど、30年前と違って
音楽はまさに日常化し、
当時、増田が言っていた

「音楽をキャベツのように
毎日食べられるようにしたい」

というビジョンは、すでに実現している。

だから、TSUTAYAも
パッケージによる販売や、レンタルの枠にとらわれず

新しいビジネスモデルを考えないといけないし、
それはラジオ局も同じだと意気投合。

そのラジオ局は、
過去に多くのアーティストを発掘し、

ヘビーローテーションをし、
これいいよ、と多くのファンをつくってきたし、

そのプロセスで、このラジオ局が
推薦するアーティストはいいんだとブランド化した。

このブランド価値を持つFM局が、
ライブをやろうと声をかければ
アーティストも集まるしファンも集まる。

このラジオ局の一番の価値は、
単に放送するということではなく
いい音楽を選べる目利き力。

TSUTAYAは果たしてそういう目利きを
育ててきただろうか?

何か、一緒に仕事をしたい、と
思えた面談になった。

パッケージの時代から、
ライブやネットの時代になろうとも、
音楽の大切さは実は何も変わっていない、と
思えた大切な時間。

2014年11月××日

2つの革命／

代官山オープン朝礼の映像

先日、新店の企画会議で
3年前の代官山のオープン朝礼で、
増田が挨拶した映像を、久しぶりにみんなで見た。

話している内容は「2つの革命」ついて。

1つ目は、お店を過去の成功体験に基づく常識や、
ルールをもとに会社都合で創るのではなく、
お客さん側に立って、お客さんの気分になって、
こうあってほしいというお店を作った。

オープン後も更にお客様の立場に立って、
必要な、あるいは生活提案をするようなお店を
みんなにつくってほしい、と。

つまりお店をつくる主権を企業側から
お客さん側にシフトをする「革命」をするのだと。

2つ目の革命は、1789年のフランス革命前に
フランスでは、こんなことではフランスはダメだ、
と思う知識人や心ある人が、パリのcaféに集まり、

フランス革命は成功した。

フランス革命の発起点としてのcaféのように、
代官山 蔦屋書店のAnjinもなってほしい、と。

つまり、こんな日本じゃいけない、と思う
知識人やクリエイターや事業家などが集まり
新しい日本の未来や、東京の街について議論し、
変えていけるような場所にしてほしい、と。

だけどよく考えてみると、
二子玉川のお店も、家電店はこうあってほしいと、
商品やサービスが編集されたお店だし、
代官山で知り合った多くの人たちと作り上げたお店。
代官山T-SITEは、十分にサロンの役割を
果たしていると思った。

そして更に、二子玉川の蔦屋家電が、
テクノロジーの分野で、革命をなすサロンになってほしいな、と
二子玉川の来られた見学者を案内しながら思った。

2015年4月××日

会いたい人が
減ってきた

創業の頃、
貸しレコード店のカウンターで仕事をしながら
3000店の夢を見ていた。

代官山T-SITEが出来る前、
よく、ASOのテラスで「生活提案」ということについて
頭をめぐらせたり、
それに必要なDBをいかに集めるか、
などを考えていた。

そして、二子玉川に蔦屋家電をオープンして
いろんな人から、「一緒に仕事をしたい」
といわれるようになった。

気がつけば
日本を代表する小売業の社長や、
日本を代表する家電メーカーのTOPや
現役の大臣などから「会いたい」といわれるまでになった。

ふと考えると
この32年間で、
会いたいとは思っていたが、
まさか本当に会えるとは思っていなかった人と
仕事をしている今。

ふと気づけば、
会いたい人の数が激減している。
すでに、会ってしまっているから。

きっと会いたい人、というのは
自分や会社の夢を実現するために
会わないといけない人だったと思うけど

夢を現実にする過程で、
本当に会うことができた。

「会いたい人」が減るなんて人生はさみしい。
つまり、新しい夢のデザインが必要なんだ、と。

日本一から世界一になることを考えたときに、
会わないといけない人は、
日本人じゃなく、中国人やインド人やアメリカ人??

英語を勉強しにいかなくちゃ。

2015年6月××日

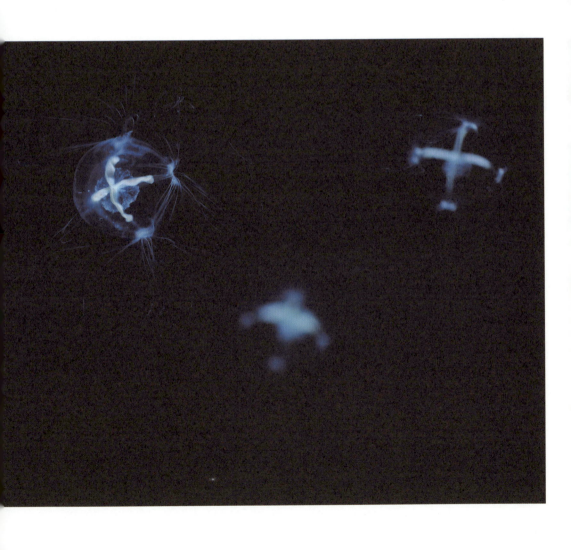

人生を変える一言

増田も、思い起こせば
相手が発する一言で、
「あぁ、この人とはやっていけないなぁ」、って思ったり、

その一言で、「一生ついて行こう」、って
思ったりしたことが何度もある。

おそらく、
言葉を発した人は、そんなことを期待したり、
そんな風になると思って発したのではなく、
無意識に発せられた一言なんだけど。

この人とやっていけないなぁ、と
思ってしまった「一言」には、

その人の生き方や考え方が出ている。
つまり、
相手のことを大事にする生き方ではなく、
自分中心の生き方だとわかってしまう一言で、

そういう人とは仕事ができないなぁと
思ってしまう。

だけど、そんな一言を発してはいけないと思ってはいても、

コトバというのは無意識に、自然にでるものだから
コントロール不能。

つまり、
発言をコントロールするのではなく、
人からこの人と組みたいと思われるような自分でないと
人の力は借りられない。

そういう生き方をしているかどうかが
問題の本質。

失言をしないように
なんて考えて生きてはいられない。

だからこそ、人はその人の一言によって
その人の生き方の本質を見抜き、
その人とのつきあいかたを決めている。

だから、失言というのは存在しない。

言葉は体を表す。

言葉に無駄がなく、言葉に力がある人は
きっとそういう生き方をしているのだし、

自分もそういう生き方をしないといけないと
思った梅雨のある朝。

2015年7月××日

上から目線

人は、自分のことがわからないことが多い。

人を傷つけている人も、自分が人を傷つけている、
とは思わない。

ずいぶん昔だけど、
増田のお世話になっている人が、病気で入院された時、
映画好きのその人のために、
テレビとDVDを贈った。

もちろん、事前にお見舞いにも行き、
部屋の状況もわかった上で贈ったつもりだった。

だけど、実際その人がDVDを観ようとした時に、
DVDをデッキに入れるシーンや、
電源を入れるためのリモコンの置き場所など、

まさに、映画を観る瞬間のことまで、
イメージできていなかったことを、
後になって知ったことがある。

自分は、その人のことを知って、
最適のお見舞いをしたつもりだったけど、
実際には、気持ちよく使ってもらっていたわけじゃなかった。

また、先日お客さんとの飲み会で、
増田が何気なく自分のお肉をある社員にあげたところ、
翌日、「嬉しかった」と、その社員からお礼のメールが。
たった一片のお肉なのに、
心が繋がっている気がして嬉しかった。

つまり、全ての評価は相手がするのに、
いつも人は自分で評価してしまう。

オレはアイツにやってあげている、とか、
これだけのことをしている、とか。

上から目線の考えが、世の中にはとても多い。

だからこそ、
相手の立場に立って、
お客さんの立場に立って、

考えたり、ものづくりをすることが大切な時代だと、

改めて社員からのメールで、目が覚めた。

2015年7月××日

人の行動は、

つもりの集積

今週もいろんな人に会った。

多くの人は、「思い込み」によって、
自分の位置を決めたり、
仕事に対して取り組んでいる。
「これでいいんだ」、という思い込み。

どんな偉い人でも、どんなに若い人であっても、
迷いはするけれど、「これでいい」と思っているから、
そのことに取り組み、毎日の時間を過ごせる。

それが本当にいいことなのかどうかは、
実はわからないし、

考え始めると動けないから、
適当に「これでいいんだ」と、
自分を思い込ませているのかもしれない。

しかし、薄っぺらな理由は、
世の中の本質、あるいは、
レベルの高い人に会った時に、
もろくも崩れ去る。

だから、できるだけそういう気分を味わいたくないので、
レベルの高い人や、経験のある人に接触することを避ける。

自分の思い込んだことが、「いいね!」と
言ってくれる仲間と群れてしまいがち。

素晴らしい政治家と会うと、
その信念の強さや、志の強さに、
自分のいい、と思っていることが崩れ去る。

日本の常識に慣れている増田にとって、
世界の常識は新鮮だし、
新しい常識を作ろうという気にさせてくれる。

今日、TSUTAYA STAFF CONFERENCEの決起会で
出会った、経験のない若者が、

ひたすら現場でお客さんのことを考えて、
真剣に売場づくりをしている話を聞くと、
心を打たれるし、本部での仕事の在り方を考えさせられる。

増田はいつもそんな「挫折」を求めて、人に会う。

なぜなら、
その挫折こそが、成長の基だと思うから。

今週も本当にたくさんの人から挫折を味わった。

2016年3月××日

明日も晴れるといいな

お世話になった人を忘れない。
約束は守る。

できないことでも、やりたいことには挑戦する。

負けないように考える。

難しく考えない。

単純に人生を楽しむ。

明日も、晴れるといいな。

2016年6月××日

悲観　と　楽観

梅雨の合間の青空。

暑いけれど、低気圧で雨が降ってるのに比べると、
気分はすこぶる前向きになる。

毎日毎日、朝起きて雨が降っていると、
憂鬱になるのとは逆に。

とある人から聞いた格言。

「悲観は気分に属するが、楽観は、意思である。」
という言葉。

フランスの哲学者アランの言葉らしいが、
それを教えてくれた人の、生き方そのもの。

時代の変わり目で仕事をしていて、
加えて、会社が成長すると、
クライアント企業も大きくなるし、
競合する相手も大きく強くなる。

だから、今までと同じ調子では、うまくいかないことが多い。

時代の変わり目に、更に成長しようとすると、
無理もないことだと思うものの、
やはり、思い通りにいかないことや、
アクシデントはこたえる。

思い起こせば、
TSUTAYAのFC事業を始める時に、
何億円もするコンピューターを買って、
毎月のリース料に資金繰りに追われたこともあれば、
人通りのない代官山に大きな書店を創ろうと思った時も、
周りの人は心配してくれたけれど、
自分は「これしかない」と思っていたので、
確かに悲観的にはならなかった。

こうすれば人が来るとか、
こうすれば加盟店さんが喜ぶとか、
自分の意思でいろいろ考え、
毎日手を打つ生活に、確かに悲観はなかった。

もっといえば、毎日が良くなっていくので、楽しかった。

つまり、
未来を切り拓こう!という意思があれば、
そこに計画やストーリーは生まれ、
世の中を変えていったり、
お客さんに喜んでもらえたり、
取引先がファンになってくれたり、

毎日毎日が、
ポジティブな要素の積み上げになって
悲観的になる理由は見当たらない。

逆に、呑気に何も考えないでいると、
起こる現象に右往左往して、
自分はついていないとか、
ああなったらどうしよう、こうなったらどうしよう、と途方に暮れる。

確かに、
悲観は、気分に属し、
楽観は、意思である、と思う。

人生を楽観的にするか、悲観的にするかは、
自分の意思の力だし、
そういう生き方をしないといけない、と思った。

2016年7月××日

久しぶりに、メディアの取材を受けた。

増田から話をしたことは、
「企画会社が提案する企画は、
クライアントのお客さんの理解の領域の外にある」ということ。

だから、理解されない。
理解されないと売れない。
理解される程度の企画は価値が無い。
だから、企画を売る事は簡単そうで難しいと。

だから、増田は創業以来、
企画の売り方を模索してきた。

増田が身に付けた売り方は、
実績を出して、数字で説明できるようにするか、
講演をして、欲しいと思ってもらうようにしてから営業するか、
人間そのものや、会社を信用して買ってもらうか。

だから信用されるためには、なんでもしてきた。

営業するために、必要なこと

信用してもらえないと、企画を検討してもらえないし、
取り組んでもらえないと、成果も出ない。

しかし、30年営業して来て、
信用される努力も大事だけれど、
人を信用できる人間でないといけないと思った。

人を信用できないと、好きになれないと、
なかなか長期間、同じ人に営業出来ないし、
努力も出来ない。

この人のために、きっと役立てると思えるから
感謝される日が来ると思えるから頑張れる。

2016年9月××日

成長と膨張

最近いろんな人から、頼み事をされる。

今日も何件か講演の依頼があった。
お世話になっている加盟企業さんや、
取引先から、なんとかお願いできないか、と。

すでに来年の10月に、3件もお願いされている。

新しく企画しているプロジェクトでも、
担当者のところに、いろんな商品の売り込みが殺到している。

しかし、本当の取引を仕切れる担当者は、
何人いるのだろうか？

増田の親父は、「仏の増田」と言われるくらい人が良くて、
親戚から保証人になってくれと頼まれたら、
断りきれずに保証人になったり、
困っている人から、お金を貸してくれと頼まれると、
すぐに現金を渡したり。

息子にとっては大好きな、尊敬すべき親父だったけど、
親父の代で、増田家は資産を大きく減らしてしまった。

これらの出来事に共通しているのは、
きちんと原因があって、会社が成長するのは健全で、
長続きするけれど、
中身（原因）がしっかりしていないのに、

会社の規模を大きくしたり、
第三者からの依頼を安易に引き受けたりすると、
会社は窮地に陥る。

中身が伴う規模拡大は成長、
中身の伴わない拡大は膨張。

成長は続くけれど、
膨張は、いつかシュリンクすると思う。

そういう意味で、チカラ以上の仕事は、
相手に嫌な顔をされても出来るだけ断らないと、
結局相手にも迷惑をかけてしまう。

だけど、断り方を間違うとCCCファンを失う。

つまり、断りつつ、ファンをつくるという、
技術を身につけないと、成長は実現しない。

チャレンジしないと人も会社も成長しないけれど、
意味のないチャレンジは、すべきでないと思う。

今朝も、とある人からの依頼に、
直筆の手紙を書き、丁重にお断りをした。

昔、日販の鶴田さんが
「断ることが仕事だ」と言っていたことを、思い出しながら。

2016年9月××日

踏み込む

任せる立場の人は、
任せていいかどうか?をいつも考えている。

任される立場の人は、いつも
コミットしていいかどうか、考えている。

つまり、
お互いに見合っている状態の関係が、
会社の中では多い。

任せられる立場の人が、
思い切ってコミットをして突き進めば、
よほどのことが無い限り、「やめろ!」と止める上司は少ない。

「任せるよ」と思い切った判断をして、
任せ切ってしまえば、
任せられた人もスッキリして、仕事ができる。

つまり、どちら側からでもいいので、思い切って「踏み込む」こと。

それでしか、関係性を変えることはできない。
今日、どれだけ思い切った決断が、社内で行われただろうか。

2016年10月××日

増田の最近の口癖

最近の増田の口癖。

適当でええやないか。
完璧を目指そうとするなよ、と。

素人のおっさんゴルファーが、
どんなに一生懸命、どんなに完璧にスイングしようとしても、
プロが、適当に打ったボールにはとてもかなわない。

結果が大事な仕事の場面では、
本人が一生懸命やっていても、
あるいは、完璧を目指そうと努力していても、
お客さんには関係がない。

提供者側が、適当であろうが、力を抜いていようが、
価値があれば、お客さんは「評価」してくれる。

つまり、一生懸命とか、完璧を目指すとか、ではなく、
適当にやっても、いい結果を生み出せるような
「実力」を蓄えることが重要、
というのが、増田の考え。

ひとつの事に集中するより、
増田がいろんなプロジェクトを
並行で引受けながら仕事をするスタイルも、
いろんな事をやることで、
ボールを遠くに飛ばす力が身につくと思っているから。

ひとつの事に集中して、ひとつの事だけを全力でやっても、
ボールを遠くに飛ばせるとは限らない。

適当に打っても、ボールが遠くに飛ぶ。
そんな力を身に着けたい。

そのためには普段の「トレーニング」が重要。

結果を求めて力んでも、仕方がない。
結果を求めてその場で力んでも、いい結果は生まれない。

だから、適当にやろうぜ。
いい加減でいいじゃないかと。

それでも、遠くにボールが飛ばせるチームになれるように、
地道な努力を重ねながら。

2016年10月××日

自分の持つべき、自分の物差し

ある人から、20数年前に声をかけられて、入った会がある。
名前は「無名の会」。

増田は、仕事の関係ではなく、いくつかの会に入っているが、
この会もその中のひとつ。

昨夜、18：30から
麻布の中華レストランに久しぶりに集まった。

この会がスタートした時、
もちろん増田も若かったし、
世の中の人は、ＣＣＣのことを知らなかった。

つまり「無名」。

他にも、楽天の三木谷社長や、
フューチャーアーキテクトの金丸社長、
元ローソンの新浪社長（現サントリー社長）、
エイチ・アイ・エスの澤田社長、
元ギャガの藤村社長（現フィロソフィア社長）など、
今日無名ではなく、有名になった人がほとんど。

そういう意味では、
将来有名になる、無名の若手の人の集まりだった、
ということになるけれど、
始まった時は、こんな風になるとは思っていなかった。

つまり、有名になって人が集まったのではなく、

何かしら共通の価値観や基準で集まった、
無名の人の集まり。

久しぶりに会っても、すぐに当時の気分に戻れる不思議な会。

それぞれの立場を考えると、
なかなか会えない人ばかりなのに、
みんな互いに、遠慮なく話せる。
昔無名で、今日成功をした人の顔を見ていると、
やはり当時から、何か違ったものを持っている人ばかりだった、
と今更、気づく。

まず、
胡散臭くなかったし、
みんな正直だったし、
みんな自分の言葉で話をしていた。

自分の考えや、
自分の優しさや、
自分の想いを持っていたと思う。

今ほど、お金や、知名度や、組織などは
持っていなかったけれど、
「自分」、という物差しを持っていた。

その物差しで事業を大きくし、
資金力を蓄え、利益を上げ、組織をつくり、
結果、名声も得ている。
そう考えると、

誰にでもチャンスはあるし、
すべては自分次第、ということになると思う。

増田も、振り返ってみると、
小さい時に経験したこと、
サラリーマン時代に思ったこと、などを
自分の物差しとして、
やらなきゃいけないこと、
やっちゃいけないことを
その時々、「自分で」判断して仕事をしてきた。

今あるのは、
そういう積み重ねの「結果」でしかない。

もちろん、その経験を通じて、
自分の物差しが、
より大きくより繊細になった、とも思うけれど。

周りばかり見ず、
自分の物差しが曲がっていないか?
そんなことを思った、久しぶりの無名の会。

2016年11月××日

増田宗昭　ますだ・むねあき

1951年生まれ、大阪府枚方市出身。日本全国に1400店以上を数えるTSUTAYAを運営するカルチュア・コンビニエンス・クラブ株式会社(CCC)代表取締役社長兼CEO。同志社大学を卒業後、株式会社鈴屋に入社。軽井沢ベルコモンズの開発などに携わった後、同社を退社。1983年に「蔦屋書店 枚方店」をオープンさせ、1985年にCCCを設立する。同社は2003年に、業種横断的な共通ポイントサービス「Tポイント」をスタートさせ、その会員数を6156万人(2017年1月末現在)までに拡大させるなど、多様な事業を展開。2011年には団塊世代を中心とした大人たち"プレミアエイジ"のための文化空間「代官山 蔦屋書店」と、上質な生活提案を行う個性的なテナント群から構成される「代官山T-SITE」を東京都渋谷区にオープンさせ、さらに佐賀県武雄市では「代官山 蔦屋書店」のコンセプトを公共施設の中に大胆に取り込んだ「武雄市図書館」の運営を2013年に開始。この図書館は開館13ヶ月で入館者が100万人を突破するなど大きな話題を呼ぶ。2016年には創業の地、枚方に生活者の日常に寄り添う百貨店「枚方T-SITE」をオープンさせ、現在も「カルチュア・インフラ」を創り出す企画会社の経営者として奔走している。

10年間、増田のブログを受け止め、
書き留め、発信し続けてくれた
社長室の花井麻里子くんに感謝を込めて──

ブックデザイン
堀 康太郎

写真
岡田 敦

編集
元永純代

校正
円水社

増田のブログ
CCCの社長が、社員だけに語った言葉

2017年4月11日　初　　版
2022年7月11日　初版第3刷

著　者　増田宗昭
発行者　菅沼博道
発行所　株式会社CCCメディアハウス
　　　　〒141-8205　東京都品川区上大崎3丁目1番1号
　　　　電話　03-5436-5721（販売）
　　　　　　　03-5436-5735（編集）
　　　　http://books.cccmh.co.jp
印刷・製本　株式会社KPSプロダクツ

©MASUDA Muneaki, 2017
Printed in Japan
ISBN978-4-484-17210-1
落丁・乱丁本はお取り替えいたします。